manjuba

Título original: *L'Affaire Moro*

COORDENAÇÃO EDITORIAL Michel Sapir Landa
PROJETO GRÁFICO DA COLEÇÃO Bloco Gráfico
ASSISTENTES DE DESIGN Lívia Takemura, Stephanie Y. Shu
PREPARAÇÃO Silvia Massimini Felix
REVISÃO Vinicius Barbosa

CAPA Caso Moro. Transeuntes leem jornais com a notícia de que Aldo Moro está vivo. SCALA Group S.p.A., DUfoto/Foto Scala, Florence. 2025 ©Photo Scala, Florence.

*Edição conforme o Acordo Ortográfico da Língua Portuguesa (1990)*

Dados Internacionais de Catalogação na Publicação [CIP]
Aline Graziele Benitez – Bibliotecária – CRB-1/3129

Sciascia, Leonardo
O caso Moro [com acréscimo: o relatório parlamentar] / Leonardo Sciascia; tradução de Federico Carotti. – São Paulo: Editora Mundaréu, 2025.

ISBN 978-65-87955-44-5
Título original: L'Affaire Moro.

1. Assassinatos 2. Itália – História 3. Itália – Política e governo 4. Moro, Aldo, 1916-1978 5. Políticos – Itália – Biografia I. Título.

25-285516 CDD 320.092

Índices para catálogo sistemático:
1. Políticos: Biografia e obra 320.092

2025

EDITORA MUNDARÉU LTDA.
São Paulo – SP

Leonardo Sciascia

# O caso Moro

[com acréscimo: o relatório parlamentar]

tradução de
Federico Carotti

*A frase mais monstruosa de todas:*
*alguém morreu "no momento certo".*

E. Canetti, *Die Provinz des Menschen*
[A província do homem]

# APRESENTAÇÃO

Escrito no calor do momento por Leonardo Sciascia, *O caso Moro* é um livro emblemático e uma obra fundamental para a compreensão do sequestro e assassinato do ex-primeiro-ministro italiano, Aldo Moro, no final da década de 1970, nos "anos de chumbo" italiano. A partir deste evento histórico, Sciascia vai além e escreve uma verdadeira fábula sobre o poder em geral e a hipocrisia da classe política italiana.

Nascido em 1921, filho e neto de trabalhadores de minas de enxofre na Sicília, Sciascia sempre esteve ligado a causas sociais e políticas italianas. Trabalhou como jornalista e crítico literário, escreveu análises históricas, peças, contos e romances que abordaram temas como o fascismo, a Máfia, a vida e os costumes sicilianos, a chamada *sicilitudine* ("sicilianidade"). Seu primeiro livro, *Favole della ditatura* (Fábulas da ditadura), uma sátira ao fascismo, foi publicado em 1950. Nas obras seguintes, alcançou o sucesso ao abordar com ironia o cotidiano na Sicília. A partir da década de 1960, recorreu à literatura policial para desenvolver suas ideias e produziu várias obras com essa temática. Além da literatura, Sciascia se dedicou à política, tendo sido eleito pelo Partido Comunista Italiano para o Conselho Municipal de Palermo em 1976. Mais tarde, Sciascia ingressou no Partido Radical e atuou no Parlamento italiano, e, em 1979, foi eleito membro do Parlamento Europeu. Sciascia é, por assim dizer, o escritor siciliano por excelência.

Como membro do Partido Radical, Sciascia foi responsável pela elaboração do relatório da comissão parlamentar sobre o sequestro e assassinato de Aldo Moro, relatório que integra este livro, juntamente com uma cronologia detalhada.

Moro havia sido primeiro-ministro em duas ocasiões e era o então presidente da Democracia Cristã, partido que dominou a política italiana após o final da Segunda Guerra Mundial. Ele havia percebido que a Itália mudara desde então e isso deveria se refletir no governo. Sua trajetória fora marcada pela tentativa de unir um país polarizado entre os conservadores que buscavam se manter no poder e os comunistas que estavam em plena ascensão.

No outro espectro político estava Enrico Berlinguer, dirigente máximo do Partido Comunista Italiano, o mais expressivo partido comunista da Europa desde 1976. Diante do golpe de estado sofrido por Salvador Allende no Chile três anos antes, Berlinguer vislumbrou que os partidos comunistas não poderiam governar países democráticos sem o apoio de forças moderadas. Portanto, para evitar um desastre como o chileno, Berlinguer propôs a formação de uma grande aliança entre as forças populares da democracia italiana, incluindo socialistas, comunistas e católicos. Essa proposta, abraçada por Moro, foi chamada de *compromesso storico* (compromisso histórico).

O acordo seria referendado pelo parlamento italiano no dia 16 de março de 1978, com a oposição da ala direita da Democracia Cristã e da esquerda radical, que não concordava com o apoio do PCI ao governo de Giulio Andreotti. Nesse dia, o homem que conduziu as negociações para que o acordo fosse fechado não chegou ao parlamento.

Naquela manhã, Moro estava a caminho do Parlamento em Roma quando uma emboscada das *Brigate Rosse* (Brigadas Vermelhas) encurralou seu comboio. Homens com metralhadoras dispararam contra os veículos e assassinaram seus cinco guarda-costas. Moro foi sequestrado. Em 9 de maio, seu corpo foi encontrado no porta-malas de um carro estacionado na Via Caetani, no centro da cidade, simbolicamente a meio caminho entre as sedes do Partido Democrata Cristão e do Partido Comunista Italiano. No mesmo dia, a família pediu que a vontade do próprio Moro, expressa ao final de seu cativeiro, fosse respeitada: ele não queria manifestações públicas, discursos, luto oficial, cerimônias de Estado e muito menos homenagens póstumas.

A Itália atravessava os "anos de chumbo" da década de 1970, um período de grande instabilidade, mergulhada nas lutas sociais do movimento dos trabalhadores e abalada pelo terrorismo "negro", dos grupos neofascistas, e pelo terrorismo "vermelho", das Brigadas Vermelhas, grupo de ideologia marxista-leninista, que tinha por objetivo desencadear na Itália uma revolução comunista por meio da luta armada. Assim, se por um lado Moscou ficou alarmada ao ver um partido comunista se afastando de sua esfera de influência, o Secretário de Estado dos EUA, Henry Kissinger, havia alertado Moro sobre as possíveis consequências de uma aproximação com os comunistas.

O fato é que Moro havia se tornado um personagem incômodo para seu próprio partido — o que dá sentido à epígrafe de Canetti escolhida por Sciascia: "A frase mais monstruosa de todas: alguém morreu 'no momento certo'".

Sciascia se recusou a acreditar nas versões divulgadas pelas autoridades italianas para a morte de Moro e escreveu este livro pensando não nas "verdades dadas", mas em decifrar as "verdades ocultas" nas entrelinhas das cartas que Moro escreveu no cativeiro para políticos e familiares. Sciascia interpreta essas missivas dramáticas, nas quais Moro nutria a esperança de salvação, e revela sua desconfiança em relação aos colegas de partido, autocensurando-se, fazendo "uso impreciso" de certas palavras para dar a chave de interpretação à sua família. Sobre esse ponto, o autor enfatiza que Moro sempre foi um político de bastidores e suas cartas são um reflexo desse fato.

Após várias cartas enviadas, Moro percebeu que elas não tiveram impacto no meio político e se deu conta de que fora abandonado. Ou seja, deixou de deter o poder. "Sabe que são os outros que o têm: reconhece nos outros a face feia, obtusa, feroz do poder. Nos 'amigos', nos 'fidelíssimos das horas alegres': das macabras, obscenas horas alegres do poder", como escreveu Sciascia.

A partir de então, embora ainda no cativeiro, Moro se sentiu mais livre do que nunca para escrever cartas aos seus "amigos de partido", cartas essas escritas sem que se utilizasse de qualquer censura ou da chamada linguagem "moriana" que consistia em "tentar dizer com a linguagem do não dizer, de se fazer entender utilizando os mesmos instrumentos que adotara e experimentara para não se fazer entender". Suas cartas se tornaram mais diretas, ácidas e cheias de reprimendas a seus correligionários. Moro passou a acusar de hipocrisia seus antigos colegas, sentindo-se abandonado por eles, vítima de disputas de poder, e eles responderam na imprensa afirmando que Moro havia enlouquecido, que aquelas palavras só poderiam ser resultado da pressão dos sequestradores.

Por que, pergunta Sciascia, tanto o novo governo quanto a imprensa alinhada se dedicaram a transformar Moro em um homem alienado, fora de si, após a publicação das cartas nas quais ele pedia, de forma simples e com enorme serenidade, que ocorresse uma troca de prisioneiros, como sempre defendeu nesses casos? Por que eles queriam transformar um homem lúcido em um ser irracional, ao qual nenhuma atenção deveria ser dada?

Percebendo que Moro havia "saído de controle", o governo insistiu em não negociar sua liberação com as Brigadas Vermelhas, alegando "razões de Estado". Por fim, a liberação de treze prisioneiros brigadistas foi rechaçada pelo governo, selando o destino de Moro.

Relembrando a definição de Pier Paolo Pasolini sobre Moro como "o menos implicado" nos obscuros assuntos políticos da Itália, Sciascia enfatiza que foi exatamente por esse motivo que ele foi a vítima escolhida. Uma vítima sacrificial necessária para reforçar os pilares de um Estado doente e enfraquecido. Ou, sendo mais assertivo, "Moro fora condenado à morte diretamente pelas Brigadas Vermelhas e indiretamente pela Democracia Cristã, pelo Estado".

O editor

# O CASO MORO

Ontem à noite, saindo para um passeio, vi um vaga-lume na fenda de um muro. Fazia pelo menos quarenta anos que eu não os via nesses campos: por isso, no começo pensei que se tratava de um xisto no reboco em que estavam assentadas as pedras ou de uma lasca de vidro, e que o luar, ondulando entre as copas das árvores, criava aqueles reflexos esverdeados. Nem pensei de imediato numa volta dos vaga-lumes, depois de tantos anos desaparecidos. Eram agora uma lembrança: da infância então atenta às pequenas coisas da natureza, que sabia brincar e se alegrar com essas coisas. Os vaga-lumes eram chamados de *canniléddi di picuraru* [velinhas do pastor de ovelhas], assim os chamavam os camponeses. Consideravam tão árdua a vida do pastor, as noites passadas de guarda ao rebanho, que lhe ofereciam os vaga-lumes como relíquia ou lembrança de luz na assustadora escuridão. Assustadora por causa dos frequentes roubos de animais. Assustadora porque geralmente era às crianças que se confiava a guarda das ovelhas. As velinhas do pastor de ovelhas, então. E de vez em quando pegávamos algum, fechávamos delicadamente dentro da mão e depois abríamos de surpresa, entre os menores de nós, aquela fosforescência esmeraldina.

Era mesmo um vaga-lume, na fenda do muro. Senti uma alegria enorme. E como que dobrada. E como que redobrada. A alegria de um tempo reencontrado — a infância, as lembranças, esse mesmo lugar agora silencioso, cheio de vozes e de brincadeiras — e de um tempo a encontrar, a inventar. Com Pasolini. Para Pasolini. Pasolini agora fora do tempo, mas, nesse país terrível que a Itália se tornou, ainda não transformado em si mesmo ("*Tel qu'en Lui-même enfin l'éternité le change*").[1] Pasolini, para mim, era fraterno e distante. De uma fraternidade sem confidência, protegida por pudores e, creio, por mútuas intolerâncias. De minha parte, sentia como um muro a nos separar uma palavra que era cara a ele, uma palavra-chave de sua vida: a palavra "adorável". Pode ser que eu tenha escrito essa palavra algumas vezes e certamente mais vezes nela pensei: contudo, para uma única mulher e para um único escritor. E o escritor — talvez seja desnecessário dizer — é Stendhal. Pasolini, porém, achava "adorável" aquilo que na Itália, para mim, já era dilacerante (mas também para ele, lembrando um "adoráveis porque dilacerantes" das *Cartas luteranas*: e como se pode adorar aquilo que dilacera?) e viria a se tornar terrível. Ele achava "adoráveis" aqueles que inevitavelmente viriam a ser instrumentos de sua morte. E por meio de seus escritos pode-se compilar como que um pequeno dicionário das coisas "adoráveis" para ele, e para mim apenas dilacerantes e hoje terríveis.

Os vaga-lumes, então. E assim — piedade e esperança — aqui escrevo para Pasolini, como que retomando depois de mais de vinte anos uma correspondência: "Os vaga-lumes que você julgava desaparecidos começam a voltar. Vi um deles ontem à noite, depois de muitos anos. E foi assim também com os grilos: por quatro ou cinco anos não os ouvi, e agora as noites estão infindavelmente repletas de seu cricrilar".

Os vaga-lumes. O *Palácio*. Pasolini queria processar o *Palácio* como que em nome dos vaga-lumes. Pelos vaga-lumes desaparecidos. "Como sou um escritor, e escrevo em polêmica, ou pelo menos discuto, com outros escritores, seja-me permitido dar uma definição de caráter poético-literário daquele fenômeno que ocorreu na Itália uns dez anos atrás. Isso servirá

1 "Tal que em Si mesmo por fim a eternidade o transforma": verso inicial do poema "Le tombeau d'Edgar Poe", de Stéphane Mallarmé. [N.T.]

para simplificar e abreviar nosso argumento (e provavelmente também para entendê-lo melhor). No início dos anos 1960, por causa da poluição do ar e principalmente, no campo, por causa da poluição da água (os rios azuis e as orlas transparentes), os vaga-lumes começaram a desaparecer. O fenômeno foi fulminante e fulguroso. Depois de poucos anos não havia mais vaga-lumes. (São agora uma lembrança, muito dilacerante, do passado: e um homem idoso que tenha tal lembrança não pode reconhecer nos novos jovens a si mesmo quando jovem, e assim não pode mais ter as belas nostalgias de outrora).

"Assim, chamarei esse 'algo' que aconteceu faz uns dez anos de 'desaparecimento dos vaga-lumes'.

"O regime democrata-cristão teve duas fases absolutamente distintas, que não só não podem ser comparadas entre si, o que implica certa continuidade, como se tornaram até historicamente incomensuráveis.

"A primeira fase desse regime (como os radicais sempre insistiram justamente em chamá-lo) é a que vai do final da guerra ao desaparecimento dos vaga-lumes; a segunda é a que vai do desaparecimento dos vaga-lumes até hoje."

E ainda: "Na fase de transição — ou seja, 'durante o desaparecimento dos vaga-lumes' —, os homens democratas-cristãos no poder mudaram quase bruscamente sua forma de expressão, adotando uma linguagem totalmente nova (aliás, tão incompreensível como o latim), em especial Aldo Moro: aquele que (por uma enigmática correlação) aparece como o menos implicado de todos nas coisas horríveis que foram organizadas de 1969 aos dias de hoje, na tentativa, até agora formalmente bem-sucedida, de manter de qualquer modo o poder".

Os vaga-lumes. O *Palácio*. O processo ao *Palácio*. E como se, três anos depois da publicação desse artigo de Pasolini no *Corriere della Sera*, somente Aldo Moro continuasse a se mover dentro do *Palácio*: naquelas salas vazias, naquelas salas já esvaziadas. Já esvaziadas para ocupar outras consideradas mais seguras: num novo e mais amplo *Palácio*. Mais seguras, entende-se, para os piores. "O menos implicado de todos", portanto. Em atraso e sozinho: ele que acreditara ser um guia. Em atraso e sozinho precisamente por ser "o menos implicado de todos". E, precisamente por ser "o menos implicado de todos", destinado a correlações mais enigmáticas e trágicas.

Antes desse artigo — publicado no Corriere em 1º de fevereiro de 1975, com o título "O vazio do poder na Itália" e depois incluído nos *Escritos corsários* com o título que agora estava na memória de seus leitores: "O artigo dos vaga-lumes" —, Pasolini havia falado sobre a linguagem de Moro em artigos e notas de linguística (veja-se o livro *Empirismo herege*). Mas aqui, no "Artigo dos vaga-lumes", sua atenção a Moro, à linguagem de Moro, aflora num contexto mais judicioso e preciso, dentro de uma visão mais ampla e desesperada das coisas italianas.

"Como sempre", diz Pasolini, "somente na língua houve sintomas". Os sintomas de uma corrida rumo ao vazio daquele poder democrata-cristão que, até dez anos antes, tinha sido "a pura e simples continuação do regime fascista". Na língua de Moro, em sua linguagem totalmente nova e, no entanto, em sua incompreensibilidade, disponível para ocupar aquele espaço do qual a Igreja católica estava, justo naqueles anos, removendo seu latim. E não seria possível dizer que era uma troca, uma substituição? Além disso, a obviedade: o latim é incompreensível para quem não sabe latim. Pasolini não consegue decifrar o latim de Moro, aquela "linguagem totalmente nova": mas intui que naquela incompreensibilidade, dentro daquele vazio em que é proferida e ressoa, estabeleceu-se uma "correlação enigmática" entre Moro e *os outros*; entre aquele que menos deveria procurar e experimentar um novo latim (que é ainda o "*latinorum*" que faz Renzo Tramaglino[2] explodir de impaciência) e aqueles que, pelo contrário, para sobreviver mesmo que como autômatos, como máscaras, deviam neces-

2 Protagonista de Os noivos, romance de Alessandro Manzoni. [N.E.]

sariamente usá-lo como envoltório. E nesse pequeno registro de Pasolini — "por uma correlação enigmática" — há como que o pressentimento, como que a prefiguração do caso Moro. Agora sabemos que a "correlação" era uma "contradição": e Moro pagou com a vida. Mas, antes que o assassinassem, foi obrigado, obrigou-se, a viver por cerca de dois meses uma atroz punição pela lei de Talião: por sua "linguagem totalmente nova", por seu novo latim tão incompreensível quanto o antigo. Uma punição direcionada: ele teve de tentar *dizer* com a linguagem do *não dizer*, de *se fazer entender* utilizando os mesmos instrumentos que adotara e experimentara para *não se fazer entender*. Devia comunicar usando a linguagem da incomunicabilidade. Por necessidade: isto é, por censura e por autocensura. Como prisioneiro. Como espião em território inimigo e vigiado pelo inimigo.

Contudo, antes de falar dos *documentos da punição*, isto é, das cartas por meio das quais Moro tentou se comunicar com *os outros* que acreditava "seus" — e não havia sido para eles que, como álibi ou máscara, inventara aquela linguagem totalmente nova? —, é preciso falar do inimigo, dos carcereiros. E, acima de tudo, reconhecer a esse inimigo, a esses carcereiros, uma ética que se poderia justamente dizer carcerária: amadurecida na leitura — ou no "ouvir falar" — dos textos de Foucault ou foucaultianos (embora seja possível encontrar exemplos mais grosseiros de uma ética semelhante ou de um semelhante formalismo no banditismo político e não político do Sul da Itália). Filhos, netos ou bisnetos do comunismo stalinista, os homens das Brigadas Vermelhas, porém, respiraram o ar da polêmica do "vigiar e punir" e introduziram essa tênue veia libertária em sua ideologia petrificada. Devido a essa polêmica, a prisão deles não pode e não deve ser uma repetição das prisões do *Estado Imperialista das Multinacionais* (as maiúsculas servem para obter a sigla SIM:[3] e

3 SIM: *Stato Imperialista delle Multinazionali.* [N.T.]

caberia fazer uma preleção sobre as inúmeras siglas que, como ninfeias num pântano, flutuam na *Resolução da direção estratégica das Brigadas Vermelhas*); sua vigilância não pode e não deve resultar em efeitos de alienação e aniquilamento como os que resultam, sobre os prisioneiros de têmpera não excepcional ou de não rigoroso preparo moral e ideológico, nos cárceres do SIM. Um longo parágrafo da *Resolução* é dedicado à "reestruturação do carcerário" na Itália: como se na Itália fosse realmente possível reestruturar algo e como se fosse uma novidade que o objetivo do "carcerário" (palavra que causa arrepios: quase uma elevação do cárcere a uma categoria da existência) é o de obter no prisioneiro político, por meio da aniquilação física, a destruição da identidade política. Silvio Pellico e Luigi Settembrini escreveram algo muito semelhante ao que a direção estratégica das Brigadas Vermelhas condensa no parágrafo D da *Resolução*.

Os brigadistas vermelhos recentemente processados pelo Tribunal de Justiça de Turim alegaram — como prova de sua diferença, de seu humanitarismo no tratamento de um prisioneiro — o fato de que preparavam risoto para o juiz Sossi, detido na "prisão do povo". Essa nota gastronômica, familiar, caseira pode parecer destoante e quase cômica dentro de um conjunto de fatos mortíferos. Mas não é; serve, pelo contrário, para explicar certas incongruências, certos comportamentos desconcertantes das Brigadas Vermelhas no caso Moro. E, acima de tudo: seu zelo postal, digamos assim, um tanto excessivo e excessivamente respeitoso, a partir de certo ponto, pelo sigilo da correspondência. Ao longo do caso, ao entregarem, não sem riscos, entre cinquenta a setenta cartas de Moro (o mínimo e o máximo que os bem-informados apontam), os brigadistas não só mantiveram seus recursos logísticos ativos e operantes — em caráter predominantemente gratuito —, mas parece que fizeram questão de observar escrupulosamente a norma constitucional relativa ao sigilo postal, à inviolabilidade da correspondência entre cidadãos livres de um país livre. A partir de certo ponto, como se disse. Pois no terceiro comunicado, que acompanhava a primeira carta de Moro da "prisão do povo" (dirigida ao ministro do Interior Francesco Cossiga), as Brigadas Vermelhas haviam afirmado um princípio diferente: "Pediu [Moro] para escrever uma carta sigilosa (as manobras ocultas constituem a norma para a máfia democrata-cristã) ao governo e, em especial, ao chefe dos esbirros Cossiga. Foi-lhe concedido, mas, como não se deve ocultar nada ao povo e esse é nosso costume, tornamo-la pública". Esse princípio, afirmado de forma categórica em 29 de março, deixa tacitamente de vigorar em 30 de abril: dia em que se tem notícia do envio de cartas de Moro para Leone, Andreotti, Ingrao, Fanfani, Misasi, Piccoli e Craxi. Dessas sete cartas, a primeira foi publicada por vontade do próprio Moro, que a encaminhou à imprensa "com o pedido de cortês transmissão urgente a seu ilustre destinatário"; e a dirigida a Craxi, porque naquele momento ele se rendia à posição adotada pelo PSI. Os que tinham interesse em não dar a conhecer o conteúdo das cartas recebidas puderam mantê-las secretas: na distração ou na abolição das Brigadas Vermelhas em relação a seu costume, solenemente afirmado, de não ocultar nada ao povo. E seria ingênuo acreditar de fato numa distração ou numa conversão à observância do sigilo postal. Deve ter havido uma razão, um cálculo. Mas tanto é verdade que, de certo ponto em diante, não são as Brigadas Vermelhas que tornam públicas as cartas de Moro. Quanto ao caráter gratuito, isto é, à falta de objetivo e utilidade com que desempenharam boa parte do trabalho postal, pode-se ter razoável certeza. E se considere, por exemplo, o fato de que um homem das Brigadas Vermelhas arriscou a vida para entregar uma carta como esta:

> Minha queridíssima Noretta,
>
> Desejo que cheguem a você, no dia da Páscoa, a você e a todos, os votos mais calorosos e afetuosos com muita ternura pela

família e o pequeno em especial. Mande minhas lembranças a Anna que eu deveria ver hoje. Peço a Agnese que te faça companhia à noite. Passo razoavelmente, bem alimentado e tratado com solicitude.

Deixo minhas bênçãos, envio muito afeto a todos e um forte abraço.

Aldo

Há ali apenas uma coisa que poderia ser de algum modo útil, em termos propagandísticos, para as Brigadas Vermelhas: é o estar "razoavelmente" do prisioneiro, "bem alimentado e tratado com solicitude". Talvez também lhe preparassem risoto, como para o juiz Sossi.

Mas tampouco essa carta eles tornaram pública. Pode-se aventar uma hipótese: que na ética carcerária das Brigadas Vermelhas tenha havido um antes e um depois da condenação: que Aldo Moro tenha sido considerado durante o processo como homem público e, portanto, sem nenhum direito ao sigilo, e não mais depois da sentença: um condenado à morte que, entre a sentença e a execução, vive numa esfera de sentimentos e ressentimentos agora absolutamente pessoais, absolutamente privados. E o que contribuía ainda mais para tornar pessoais e privados os sentimentos e ressentimentos de Moro era o partido inteiro da Democracia Cristã com sua posição silenciosa, mas unanimemente dura, de "*fin de non recevoir*", de considerar juridicamente inadmissíveis as diretrizes emitidas por seu presidente "impedido" (e é assombroso o silêncio dos abundantes juristas e "rábulas" da Itália, em geral prontos a examinar pela frente e pelo avesso toda e qualquer questão, diante da decisão de Moro "de convocar para data conveniente e urgente o Conselho Nacional" da Democracia Cristã a fim de deliberar "sobre os modos de remover os impedimentos de seu Presidente"). Em todo caso, parece certo que um homem das Brigadas Vermelhas correu um grande risco para que os votos pascais de Moro chegassem à sua família. E pode-se dizer — de forma retrospectiva e estatística — que a margem de risco era mínima e só por acaso poderia ocorrer; ou mesmo inexistente, considerando o resultado nulo das ações conduzidas pela polícia. Mas, naquele momento, tais ações eram tão conclamadas pela imprensa, rádio e televisão, tão decididas, decisivas e numerosas pareciam, que até se podia alimentar a ilusão e, por parte da Brigadas Vermelhas, o medo de que surtiriam algum efeito.

Em suma: não é de se crer que Aldo Moro, dizendo estar "bem alimentado e tratado com solicitude", estivesse adulando seus carcereiros ou dizendo coisas não verdadeiras para dar certa tranquilidade a seus familiares. Em consonância com sua necessidade de um esconderijo seguro e com seus meios, as Brigadas Vermelhas realmente estariam tentando tornar a "prisão do povo" diferente da do SIM, conforme a imagem e a experiência que tinham dela. Uma prisão que não procedesse à destruição da "identidade política e pessoal" do detento. Uma prisão como a que nos é representada, na Florença do Renascimento, pela *Novella del Grasso Legnaiuolo* [Novela do gordo carpinteiro] ou, na Palermo bourbônica, pela comédia *I mafiusi della Vicaria* [Os mafiosos da Vicária]: uma prisão, em suma, antes que a prisão se tornasse um objeto da razão, um problema. Além disso, no caso de Moro, seu interesse era revelar e analisar integralmente essa identidade, e não desagregá-la ou substituí-la. Moro precisava continuar a ser ele mesmo na "prisão do povo". Para além da necessária reclusão — uma reclusão que abrangia também a eles —, nenhuma coerção, portanto, nenhuma violência física, psíquica ou farmacológica. E também teriam exercido ao mínimo qualquer censura em suas cartas. Mas Moro não se deu conta dessa ética ou não confiou nela: e assim — exceto numa das últimas cartas publicadas — se autocensurou de maneira lúcida e desesperada, adequando sua linguagem do *não dizer* à função do *dizer*.

Um dos contos mais extraordinários escritos por Borges é "Pierre Menard, autor do Quixote", em sua obra Ficções.

Como todas as coisas que parecem absolutamente fantásticas, puramente abstratas e misteriosas, esse conto parte de um dado real, de um fato, de um acontecimento preciso que o chamado mundo ocidental, se não o conheceu, respirou-o. Esse acontecimento é a publicação da *Vida de Don Quijote y Sancho* de Miguel de Unamuno, em 1905. A partir de então, não foi mais possível ler o *Dom Quixote* como Cervantes o escrevera: a interpretação unamuniana, que parecia de cristalina transparência em relação à obra de Cervantes, era, com efeito, um espelho: de Unamuno, do tempo de Unamuno, do sentimento de Unamuno, da visão de mundo e das coisas espanholas de Unamuno. Desde então, lê-se o *Dom Quixote* de Unamuno crendo-se ainda ler o *Dom Quixote* de Cervantes: e, de fato, lendo o de Cervantes.

Cerca de meio século mais tarde, Borges escrevia sobre Pierre Menard (e seria um belo acaso, totalmente borgiano, se Borges dissesse que não havia pensado de forma alguma em Unamuno!): um escritor francês que, ao lado de uma parca obra literária "visível", deixa uma obra não concluída, mas heroica, incomparável — e "invisível": a composição não de um "outro" *Dom Quixote*, mas "do" *Dom Quixote*. Igual em tudo. E diferente em tudo. "É uma revelação cotejar o *Dom Quixote* de Menard com o de Cervantes. Este, por exemplo, escreveu (*Dom Quixote*, primeira parte, nono capítulo): [...] *a verdade, cuja mãe é a história, êmula do tempo, depósito das ações, testemunha do passado, exemplo e aviso do presente, advertência do porvir*. Redigida no século XVII, redigida pelo 'engenho leigo' Cervantes, essa enumeração é um mero elogio retórico da história. Menard, em compensação, escreve: [...] *a verdade, cuja mãe é a história, êmula do tempo, depósito das ações, testemunha do passado, exemplo e aviso do presente, advertência do porvir*. A história, *mãe* da verdade; a ideia é assombrosa. Menard, contemporâneo de William James, não define a história como uma indagação da realidade, mas como sua origem. A verdade histórica, para ele, não é o que aconteceu; é o que julgamos que aconteceu. As disposições finais — *exemplo e aviso do presente, advertência do porvir* — são escancaradamente pragmáticas."

Esse conto, esse apólogo, reaflorou em minha memória no momento em que eu acabava de organizar sumariamente as crônicas e os documentos do caso Moro. Adequava-se à invencível impressão de que o caso Moro já tinha sido escrito, já era uma obra literária concluída, já vivia agora numa intocável perfeição. Intocável à maneira de Pierre Menard: mudando tudo sem mudar nada. E parodiando banalmente Borges: *Em 16 de março de 1978, alguns minutos antes das nove, o deputado Aldo Moro, presidente da Democracia Cristã, sai do portão número 79 da via del Forte Trionfale. Estão a esperá-lo o automóvel oficial* FIAT *130 azul e uma Alfetta branca da escolta. O presidente deve se dirigir antes ao Centro de Estudos da Democracia Cristã e depois, às dez, à Câmara dos Deputados, onde o senador Andreotti apresentará o novo governo e anunciará seu programa. Deste novo governo, que será o primeiro governo democrata-cristão apoiado também pelos votos comunistas, o deputado Moro foi cuidadoso e paciente artífice. Mas há inquietação tanto no Partido Comunista, desiludido com a presença de velhos e não muito estimados homens da Democracia Cristã no novo governo, quanto naquela parcela da Democracia Cristã que receia a concretização do chamado compromisso histórico.* Escrita — e lida — logo depois do sequestro, essa *é uma pura crônica daquilo que o deputado Moro estava fazendo e programara* fazer. Por outro lado, se hoje escrevo: *Em 16 de março de 1978, alguns minutos antes das nove, o deputado Aldo Moro, presidente da Democracia Cristã, sai do portão número 79 da via del Forte Trionfale. Estão a esperá-lo o automóvel oficial* FIAT *130 azul e uma Alfetta branca da escolta. O presidente deve se dirigir antes ao Centro de Estudos da Democracia Cristã e depois, às dez, à Câmara dos Deputados, onde o senador Andreotti apresentará o novo governo e anunciará seu programa. Deste novo governo, que será o primeiro governo democrata-cristão apoiado também pelos votos comunistas, o deputado Moro foi cuidadoso e paciente artífice. Mas há inquietação tanto no Partido Comunista, desiludido com a presença de velhos e não muito estimados homens da Democracia Cristã no novo governo, quanto naquela parcela da Democracia Cristã que receia a concretização do chamado compromisso histórico*; se hoje escrevo isso — as mesmas palavras e na mesma ordem —, o sentido para mim e para o leitor será totalmente diferente. É como se o centro de gravidade tivesse mudado: do deputado Moro, que saía de casa sem saber da emboscada, para a Câmara dos Deputados, onde a ausência do deputado Moro produziria no mesmo instante aquilo que sua presença dificilmente teria conseguido: isto é, aquele apaziguamento e aquela concórdia com que o quarto governo presidido pelo senador Andreotti era aprovado sem qualquer discussão. O drama do sequestro foi como que substituído — por meio daquilo que se costuma chamar de "percepção posterior" — pelo drama de que a ausência do deputado Moro no Parlamento, na vida política, é mais proveitosa — numa determinada direção — do que sua presença. E diria Pirandello: "O drama, senhores, está todo aqui".

Mas a remissão ao apólogo de Borges pretende ser menos superficial, menos paródica. Por que a impressão de que o caso Moro já foi escrito, já vive numa esfera de intocável perfeição literária, já não se pode senão reescrevê-lo fielmente e, no entanto, reescrevendo-o, mudar tudo sem mudar nada? São muitas as razões, e não todas decifráveis. Cabe dizer, porém, que, tal como

*Dom Quixote*, o caso Moro se desenrola irrealmente num clima histórico e ambiental muito real. Assim como o dom Quixote dos livros da cavalaria errante, Moro e sua história parecem gerados por uma certa literatura. Relembrei Pasolini. Posso também relembrar — não me alegrando, mas tampouco renegando — dois, pelo menos dois contos meus: "O contexto" e "Todo modo". Na *Storia della Democrazia Cristiana* [História da Democracia Cristã] de Giorgio Galli, publicada alguns meses antes do caso, lê-se: "Provavelmente uma parte desse pessoal dirigente (da Democracia Cristã), até os anos 1950 expresso pelos órgãos típicos da cultura e da formação católica, compreende, a partir dos anos 1960, um número crescente de indivíduos de formação diferente e, talvez, até não crentes (mas sempre praticantes). De todo modo, a ideologia oficial que consolida o bloco de poder no qual a Democracia Cristã vem cada vez mais se transformando é uma introjeção dos conceitos e valores do esquema 'eusebiano'. No auge do processo degenerativo dessa espécie de filosofia da práxis conservadora, Leonardo Sciascia e Elio Petri sintetizaram, no filme *Juízo final*, a parábola de personagens dos quais os palestrantes sobre socialidade, já nesse congresso de Nápoles (1952), são de certa forma emblemáticos". Uma síntese, um balanço: mas no vazio de reflexão, de crítica e até de bom senso em que a vida política italiana se desenvolveu, as sínteses só podiam parecer antecipações, profecias ou até mesmo instigações. Em suma, ficando a verdade entregue *à literatura*, a verdade — quando apareceu dura e trágica no espaço cotidiano e não foi mais possível ignorá-la ou deturpá-la — pareceu gerada pela literatura. E disso os homens políticos no poder, ou próximos do poder, acusaram os homens de letras (é preferível "homens de letras" — de Voltaire e sua época — a "intelectuais", termo de massificação imprecisa e genérica): e com certa boa-fé, com certa inocência, considerando que os próprios homens de letras a determinada altura seriam tomados pela alucinação de ter gerado aquela realidade.

Mas avancemos mais um passo, frente ao apólogo de Borges. A impressão de que tudo no caso Moro ocorre, por assim dizer, *na literatura* provém principalmente daquela espécie de fuga aos fatos, daquele abstrair-se dos fatos — no mesmo exato momento em que eles ocorrem e, ainda mais, contemplando-os depois em seu conjunto — numa dimensão de indefectível consequencialidade imaginativa ou fantástica e da qual resulta uma constante e persistente ambiguidade. Tal perfeição pode ser da imaginação, da fantasia; não da realidade. E, para dizê-lo com uma *boutade*: pode-se escapar da polícia italiana — da polícia italiana tal como é instruída, organizada e dirigida —, mas não do cálculo das probabilidades. E, segundo as estatísticas divulgadas pelo Ministério do Interior, referentes às operações conduzidas pela polícia no período entre o sequestro de Moro e a localização de seu cadáver, as Brigadas Vermelhas escaparam, precisamente, do cálculo das probabilidades. Isso é *verossímil*, mas não pode ser *verdadeiro e real* (Tommaseo, *Dizionario dei sinonimi*: "Para maior ênfase, os dois verbetes se unem, e diz-se: fato verdadeiro e real: e similares. Real parece então se acrescentar a *verdadeiro*, não apenas por pleonasmo: e assim é. Um fato verdadeiro e real não só ocorreu verdadeiramente, mas ocorreu propriamente tal como se narra, como se afigurou, como se acredita...").

No surgimento de qualquer acontecimento que depois se configura grandioso há uma convergência de pequenos acontecimentos, tão pequenos a ponto de ser por vezes imperceptíveis, que num movimento de atração e agregação convergem para um centro escuro, para um campo magnético vazio onde tomam forma: e, juntos, são precisamente o grande acontecimento. Nessa forma, na forma que adquirem juntos, nenhum minúsculo acontecimento é acidental, incidental, fortuito: as partes, mesmo que moleculares, encontram causa necessária — e, portanto, explicação — no todo; e o todo, nas partes.

Um desses pequenos acontecimentos é, no caso Moro, a expressão "o grande estadista" que a certa altura substitui o nome Moro ou expressões como "o presidente da Democracia Cristã", "o líder", "o grande líder", "o líder prestigioso"... Nos jornais de 18 de março, deparamo-nos pela primeira vez com a definição de "estadista" concedida a Moro: mas na declaração — supõe-se que traduzida — do secretário-geral da ONU ("um dos mais eminentes estadistas da Itália"). A palavra reaparece nos jornais, mas esporadicamente, depois da primeira mensagem de Moro: a carta ao ministro do Interior Cossiga. Em 18 de abril, encontramo-la, pela primeira vez acompanhada do adjetivo "grande", na mensagem do presidente Carter. Não sabemos como constava no texto original; de todo modo, a expressão era a necessária, aquela que se buscava, para que toda referência a Moro contivesse — *tácita*, mas efetiva — uma comparação entre o que ele fora e o que deixara de ser. Fora "um grande estadista"; e agora não era nada mais do que um homem (palavras suas, na primeira carta desde a "prisão do povo": e serão, mesmo depois do desfecho da história, as mais citadas) "sob um domínio pleno e incontrolado".

"Estadista" é propriamente o homem de Estado: aquele que ao Estado, à estrutura que o constitui, às leis que o regulam, dedica consciente fidelidade, reflexão, estudo; e "grande estadista", óbvio, é aquele que dedica essas faculdades e atividades em maior grau. E como era possível encontrar a imagem do "grande estadista" nas mensagens que Moro enviava da "prisão do povo"? As Brigadas Vermelhas o tinham destruído: no lugar do "grande estadista" havia um homem que talvez sofresse maus-tratos físicos, talvez estivesse drogado e com certeza vivia o pesadelo de uma constante ameaça de morte, sob a qual perdia aquele "senso de Estado" que demonstrara ter em alto grau em mais de trinta anos de atividade política.

Grande e deslavada mentira, dentre as tantas que proliferavam viçosamente naqueles dias. Nem Moro nem o partido por ele presidido jamais tiveram "senso de Estado". A ideia de Estado como alguns expoentes do Partido Comunista Italiano haviam, como forma de pressão, começado a agitar em maio do ano anterior — ideia que parecia descender e talvez, por razões que não é o caso de examinar aqui e agora, descendesse mais do lado direito do que do lado esquerdo de Hegel — provavelmente passara pela mente de Aldo Moro apenas nos anos de juventude, no aguerrir-se naquelas competições culturais que o regime fascista organizava (os "*litorialli*": e os vencedores eram proclamados "lictores"): mas sem deixar traço em seus pensamentos — ou em seu pensamento, se se quiser admitir ou reivindicar para ele uma concepção própria bem definida e articulada do fato político e do fazer política. E isso sem falar na mente decerto menos abastecida — diria Savinio — de pensamento, e provavelmente de pensamentos, de grande parte daqueles para quem Moro era guia e exemplo. Aliás, a atração e a compatibilidade pelas quais pelo menos um terço do eleitorado italiano se reconhecia e se reconhece no partido da Democracia Cristã residem na ausência de uma ideia de Estado naquele partido: ausência tranquilizadora, e poder-se-ia também dizer energizante.

Com efeito, a polêmica que, no ano seguinte, alguns expoentes do Partido Comunista Italiano moveram contra quem mostrava não amar visceralmente o Estado — o Estado italiano tal como era — serviu de *ouverture* àquele melodrama de amor ao Estado grandiosamente apresentado no palco italiano de 16 de março a 9 de maio de 1978. E as vítimas dessa grandiosa encenação — como que esmagadas pelos maciços palcos, pelos maciços panos de fundo — pareciam ser aqueles que não nutriam um grande amor pelo Estado ou pelo Estado italiano tal como era; mas a verdadeira vítima era Aldo Moro.

Moro, até 16 de março, não havia sido um "grande estadista". Havia sido, e também continuou a ser na "prisão do povo", um grande político profissional: atento, cuidadoso, calculista; aparentemente flexível, mas efetivamente irredutível; paciente, mas daquela paciência que acompanha a tenacidade; e com uma visão das forças, isto é, das fraquezas, que movem a vida italiana, que estava entre as mais amplas e seguras que um homem político podia ter. E precisamente nisto consistia sua peculiaridade: em conhecer as fraquezas e adotar uma estratégia que as alimentasse, ao mesmo tempo dando a quem portava tais fraquezas a ilusão de que haviam se transformado em força. E nessa sua estratégia convergem duas experiências, atávicas e pessoais: o catolicismo italiano e aquela versão, na mais crua e feroz cotidianidade, do catolicismo italiano que é a vida social (isto é, antissocial) da Itália meridional. Estratégia comparável, em seus efeitos, à de Kutuzov diante de Napoleão. E várias vezes me ocorreu, quando Moro estava indo de vento em popa, compará-lo a Kutuzov tal como é descrito e apresentado por Tolstói em *Guerra e paz*. Pense-se no capítulo xv da primeira parte: no príncipe André que revê Kutuzov com a mesma inalterada "expressão de cansaço no rosto e na figura"; em Kutuzov que com ar cansado e irônico ouve aquele Denissov, que tem um plano para cortar os suprimentos de Napoleão e salvar a pátria, e então o interrompe perguntando se ele é parente do intendente-geral Denissov; em Kutuzov que "conhecia algo mais, que devia decidir os destinos da guerra" — algo mais que estava não nos planos mais ou menos inteligentes, e sim na geografia e no modo de ser do povo russo.

Ao vê-lo na tela da televisão, Moro parecia tomado pelo mais antigo cansaço, pelo mais profundo tédio. Apenas às vezes, entre olhos e lábios, entrevia-se um lampejo de ironia ou de desprezo: mas prontamente ofuscado por aquele cansaço, por aquele tédio. Contudo, tinha-se a impressão de que ele conhecia "algo mais": o segredo italiano e católico de dissolver o novo no velho, de usar cada novo instrumento para servir a regras antigas e, sobretudo, um conhecimento todo em negativo, em negatividade, da natureza humana. O que lhe era ao mesmo tempo aflição e arma. Arma usada com dor: visivelmente. Mas usada. Era, como diz Pasolini, "o menos implicado de todos": mas justamente o fato de ser o menos implicado lhe dava sobre todos na Democracia Cristã a indiscutível e, aliás, reconfortante autoridade de falar em nome de todos: poder e, ao mesmo tempo, sacrifício. E fora da Democracia Cristã, perante os outros partidos e a Itália inteira, essa situação funcionava no sentido da credibilidade, da confiança — e, diria eu, de modo patético.

Se Moro teve alguma ideia que se parecesse com a ideia de Estado, ela estava como que emparedada dentro da Democracia Cristã, dentro da cidade medieval — que parecia aberta e indefesa, mas no momento do perigo se revelava fortemente armada, vigiada e fechada — da Democracia Cristã. E é possível encontrar traços conclusivos dessa ideia em seu último discurso no Parlamento: aquele em defesa do senador Gui, da Democracia Cristã, acusado de ter sido, quando ministro da

Defesa, "participante e beneficiário" de um gravíssimo ilícito. Vale a pena fazer um breve apanhado:

> Nessa posição (*de defesa do senador Gui*) encontramos unida a Democracia Cristã e pretendemos com ela defender a Democracia Cristã em seu conjunto. Dividimo-nos algumas vezes, mas sobre questões menores, sobre questões de opinião. Quando, porém, se tratava de grandes temas, de grandes escolhas, de grandes valores, não nos dividimos, mas, quando muito, outros é que se dividiram, como demonstração do fato de que objetivamente a área da verdade era mais ampla do que nossa convicção pessoal. Assim defendemos unidos a Democracia Cristã... Não se trata de um primado, qualquer que seja, da Democracia Cristã, o qual é, ademais, uma fria constatação dos fatos, fatos importantes também por serem duráveis, o que demonstra que eles têm não razões ocasionais, mas raízes históricas... O que não aceitamos é que nossa experiência geral seja rotulada com um selo de infâmia nessa espécie de indesejada continuação de uma campanha eleitoral exasperada. No repúdio da acusação de que, em nós, tudo e todos devem ser condenados, realmente cerramos fileiras. Não sei quantos perseguem esse desígnio político, mas esta é, cumpre dizer com franqueza, uma perspectiva contraditória com uma linha de colaboração democrática [advertência esta dirigida aos comunistas: e de forma um tanto gratuita, pois os comunistas queriam que Gui fosse levado a julgamento, mas se abstinham de querer processar toda a Democracia Cristã]. A quem queira subverter globalmente nossa experiência; a quem queira instaurar um processo, moral e político, a ser comemorado, como se disse cinicamente, nas praças, nós reagimos com a maior firmeza e com o apelo à opinião pública, que não reconheceu em nós uma culpa histórica e não quis que nossa força fosse diminuída... Se vocês tiverem um mínimo

> de sensatez, coisa da qual seria, por vezes, de se duvidar, dizemos-lhes firmemente que não subestimem a grande força da opinião pública que, há mais de três décadas, encontra sua expressão e sua defesa na Democracia Cristã. Creio que ela não pretende renunciar a essa forma de presença, assim como nós não pensamos em renunciar a essa força, aos direitos que dela decorrem e aos deveres que nos são confiados. Trata-se de coisas extremamente sérias, e é imperativo nesse momento reafirmar as razões da liberdade e a necessária integridade do país em sua substância social e política.

Para resumir os argumentos do deputado Moro em sua essencialidade e clareza: a liberdade e a integridade do país são intocáveis; a Democracia Cristã representa a liberdade e a integridade do país; a Democracia Cristã é intocável. Silogismo de onde brota este outro: o consenso eleitoral inalterado demonstra que a Democracia Cristã não tem culpa; o senador Gui é democrata-cristão; o senador Gui não tem culpa. E o senador Gui talvez seja mesmo inocente das acusações específicas que lhe foram movidas; mas não parece que sua inocência pessoal possa brilhar por meio desses silogismos. Tais silogismos, transcendendo o problema da culpa ou da inocência do senador Gui, afirmam de uma vez por todas a inocência da Democracia Cristã: que passa a valer, vez a vez, como pressuposta inocência de todo democrata-cristão.

Bayle acreditava que uma república de bons cristãos não poderia durar. Montesquieu corrigia: "uma república de bons cristãos não pode existir". Mas uma república de bons católicos italianos pode existir e durar. Dessa maneira.

É a essa Democracia Cristã que reencontra sua unidade e densidade na defesa de cada democrata-cristão, a esse partido-família, a esse partido que interpreta e representa a "vontade geral" dos italianos, ainda que aritmeticamente represente um terço deles, que Aldo Moro se dirige da "prisão do povo".

Sua primeira carta chega na noite de 29 de março, enviada pelas Brigadas Vermelhas junto com seu terceiro comunicado. É dirigida a Francesco Cossiga, ministro do Interior. Moro escreve "em caráter muito reservado". A reserva, sem dúvida, lhe foi assegurada por seus carcereiros. Mas as Brigadas Vermelhas explicam: "Pediu para escrever uma carta sigilosa (as manobras ocultas constituem a norma para a máfia democrata-cristã) ao governo e, em especial, ao chefe dos esbirros Cossiga. Foi-lhe concedido, mas, como não se deve ocultar nada ao povo e esse é nosso costume, tornamo-la pública". Foi-lhe concedido escrever uma carta, não uma carta sigilosa: embora lhe tenham prometido sigilo. E faz diferença.

A primeira pergunta a se fazer é: por que ao ministro do Interior? Pelo que propõe Moro, o destinatário *ad hoc* deveria ser o ministro da Justiça. Se, ademais, tivesse aquele famoso "senso de Estado" com que os jornais começavam a agraciá-lo, ele se dirigiria ao presidente do Conselho ou ao presidente da República. Por que, então, ao ministro do Interior? Que o considerasse o mais amigo entre "os amigos" é uma resposta que não esgota a questão. Não há na carta frases destinadas apenas a Cossiga como democrata-cristão, como amigo. Pelo contrário, é de se presumir que há frases destinadas a Cossiga como ministro do Interior, como — para dizê-lo com a linguagem das Brigadas Vermelhas — "chefe dos esbirros".

Caro Francesco,

Enquanto lhe envio uma afetuosa saudação, sou levado pelas difíceis circunstâncias a desenvolver diante de você, estando ciente de suas responsabilidades (que obviamente respeito), algumas lúcidas e realistas considerações. Prescindo deliberadamente de qualquer aspecto emocional e me atenho aos fatos. Embora eu não saiba nada do mundo nem do que ocorreu após minha abdução, está fora de discussão — disseram-me com toda a clareza — que sou considerado um prisioneiro político, submetido, como presidente da DC, a um processo com vistas a apurar minhas responsabilidades durante trinta anos (processo contido agora em termos políticos, que se torna cada vez mais rigoroso).

Em tais circunstâncias, escrevo-lhe em caráter muito reservado, para que você e os amigos, tendo à frente o presidente do Conselho (sendo, obviamente, informado o presidente da República), possam refletir de modo oportuno sobre o que há de ser feito, para evitar problemas piores.

Portanto, cabe pensar a fundo, antes que se crie uma situação emocional e irracional. Devo pensar que a grave cobrança que me é feita recai sobre mim como expoente qualificado da DC em seu conjunto na gestão de sua linha política. Na verdade, somos todos nós do grupo dirigente que estamos sendo responsabilizados, e é nossa ação coletiva que está sob acusação e pela qual devo responder. Nas circunstâncias acima descritas, entra em jogo, para além de qualquer consideração humanitária que tampouco se pode ignorar, a razão de Estado. Acima de tudo essa razão de Estado significa, retomando o aceno acima aludido sobre minha atual condição, que me encontro sob um domínio pleno e incontrolado, submetido a um processo popular que pode ser promovido no momento oportuno, que estou nesse estado tendo todo o conhecimento e sensibilidade que derivam da longa experiência, com o risco de ser chamado ou induzido a falar de uma maneira que poderia ser desagradável e perigosa em determinadas situações.

Além disso, a doutrina pela qual o sequestro não deve acarretar vantagens, discutível já nos casos comuns, em que é extremamente provável o dano do sequestrado, não se sustenta em circunstâncias políticas, nas quais se causam danos certos e incalculáveis não só à pessoa, mas ao Estado. O sacrifício dos inocentes em nome de um princípio abstrato de legalidade, enquanto um indiscutível estado de necessidade deveria induzir a salvá-los, é inadmissível. Todos os Estados do mundo são regulados de modo positivo, salvo Israel e Alemanha, mas não para o caso Lorenz. E não se diga que o Estado perde prestígio porque não soube ou não pôde impedir o sequestro de uma alta personalidade que significa algo na vida do Estado.

Retornando por um momento ao comportamento dos Estados, lembrarei as trocas entre Brejnev e Pinochet, as múltiplas trocas de espiões, a expulsão dos dissidentes do território soviético. Entendo o peso de um fato desse gênero, quando se delineia, mas também é preciso encarar lucidamente o pior, que pode vir. Essas são as vicissitudes alternadas de uma guerrilha, que é preciso avaliar com frieza bloqueando a emotividade e refletindo sobre os fatos políticos. Penso que um passo preventivo da Santa Sé (ou também de outros? Quem?) poderia ser útil. Será conveniente que tenha, em combinação com o presidente do Conselho, contatos reservadíssimos com alguns poucos chefes políticos qualificados, convencendo os eventuais relutantes. Uma atitude de hostilidade seria uma abstração e um erro.

Que Deus os ilumine pelo melhor, evitando que vocês fiquem atolados num doloroso episódio, do qual muitas coisas podem depender. As mais afetuosas saudações.

O cavaleiro Charles Auguste Dupin, o investigador de Poe, tinha como preceito para qualquer investigação a capacidade de se identificar, de se pôr no lugar do outro. Preceito absolutamente válido, mesmo fora daquele gênero literário dito "policial", na prática; mas da mesma forma absolutamente rejeitado por toda polícia a não ser, por assim dizer, em nível médio (de massa: como já dizia, mais de um século atrás, o cavaleiro Dupin). No caso Moro, fazia-se necessário um duplo processo de identificação: com as Brigadas Vermelhas (cuja segurança sempre incólume em agir, em conduzir ações muito temerárias, mesmo que apenas pelo gosto da zombaria e do símbolo, se explica também pelo fato de contarem com aquela *invisibilidade da evidência* sobre a qual Dupin discorre no conto "A carta roubada") e com Moro, prisioneiro que enviava da prisão mensagens a ser decifradas conforme o que "os amigos" conheciam a seu respeito — pensamentos, comportamentos, hábitos e idiossincrasias —, pondo-se assim nas condições em que ele se encontrava.

O primeiro grau de identificação, portanto, só poderia ser este: tentar entender o que podia se agitar tempestuosamente dentro de um homem que, depois de cerca de duas semanas de isolamento, esgotado por interrogatórios e insônias e ainda assim extremamente lúcido (também daquela lucidez em que o esgotamento das energias se inverte a partir de certo ponto), por fim tem a possibilidade de escrever uma carta para aquele que dispõe dos homens e dos meios que poderiam libertá-lo daquela condição. Mas uma carta cautelosa, reticente, enigmática; que diga aquilo que os carcereiros querem que diga e deixe entrever algo daquilo que não lhe permitiriam dizer. E é de se crer que ele a elaborou mentalmente durante horas, nas noites insones, esperando o momento em que lhe seria concedido escrevê-la: por tantas horas quantas, no mínimo, levariam "os amigos" e a polícia para decifrá-la. E é de se crer também que as intervenções de censura, se aconteceram, foram mínimas:

dando crédito a Moro de que entendera qual era o jogo das Brigadas Vermelhas e que, em troca daquela exígua e precária margem de liberdade, seria necessário seguir suas regras. Quer já fosse previamente da opinião de que um Estado de direito podia e devia negociar troca de prisioneiros com grupos subversivos, quer se convencesse ou fingisse se convencer disso para salvar a própria vida, o certo é que, se Moro não tivesse se mostrado disposto a colaborar com o pedido de resgate das Brigadas Vermelhas, nenhuma carta teria saído da "prisão do povo". E creio poder afirmar que, pelo menos no momento em que escrevia a Cossiga, e pelo próprio fato de que escrevia ao ministro do Interior, Moro estava depositando suas esperanças numa ação de força (e de inteligência) por parte da polícia: e que a recomendada negociação e troca era para ele, grande contemporizador, a melhor maneira, a única, de ganhar tempo — contando, se não com a certeza, pelo menos com a esperança de que a polícia não perdesse seu próprio tempo. Só que a polícia perdia seu tempo, mais do que Moro poderia imaginar.

Assim, tomando por certo que Moro se dirige a Cossiga como ministro do Interior (não porque fosse o mais amigo entre "os amigos" ou porque estivesse, por assim dizer, no vértice decisório), disso obviamente decorre que ele deve ter tentado comunicar na carta algum elemento de que tivesse se apercebido e que pudesse orientar as buscas para localizá-lo.

Excluindo que na carta haja criptogramas ou que seja possível decifrá-la por decomposições e recomposições de códigos de espionagem, resta aplicar um único e banalíssimo código: o que eu chamaria de código da insensatez, do absurdo. E a frase da carta que tem menos sentido é esta: "Penso que um passo preventivo da Santa Sé (ou também de outros? Quem?) poderia ser útil". Um passo da Santa Sé junto às Brigadas Vermelhas! Nada mais absurdo. E, além do mais, "preventivo": o que isso quer dizer?

Tentemos nos pôr em seu lugar. Pelo cargo que ocupa e pelo momento em que ocorreu sua "abdução", momento em que uma maioria estava para aprovar no Parlamento sua mais cuidadosa e paciente operação política, Moro tem certeza de que a polícia foi mobilizada como nunca e lançada em ações de enorme extensão e ao mesmo tempo capilares, maciças e ao mesmo tempo meticulosas. Sabe também, pelo tempo que levou o percurso desde o local de sua "abdução" até a "prisão do povo" (é impensável, na previsão do que se desencadearia, que as Brigadas Vermelhas tivessem feito um percurso prolongado, que desorientasse o prisioneiro), que ainda está em Roma: e provavelmente essa sua certeza é reforçada por algum sinal acústico que os carcereiros não conseguem impedir que ele perceba: o barulho do trânsito, um badalar de sinos, um leve rumor de vozes. Juntando o que supõe e o que sabe, ele chega a esta pergunta: como é possível que a polícia não consiga encontrar a "prisão do povo"? E a resposta que dá a si mesmo é esta: a "prisão do povo" se encontra num local insuspeito e insuspeitável, num local inacessível à polícia, num local que goza de imunidade. A Cidade do Vaticano? Uma embaixada?

Aqui não se pretende dizer que Moro poderia realmente estar na Cidade do Vaticano ou em alguma embaixada. Pretende-se apenas dizer que Moro pode ter assim pensado: em sua ilusão sobre a eficiência da polícia, sobre a inteligência e a vontade dos "amigos". De meu lado, acredito que a "prisão do povo" também fizesse parte daquilo que chamo de *invisibilidade da evidência* e que outros, ainda sobre "A carta roubada" de Poe, chamaram de *excesso de evidência*. A imunidade de que gozava a "prisão do povo" se devia em boa parte, se não totalmente, à posição de evidência em que se encontrava. Mas uma evidência concatenada a outras evidências: e todas reportando ao conceito de clandestinidade das Brigadas Vermelhas.

Por mais romanesca que possa parecer a hipótese de que essa primeira carta de Moro contém uma indicação que serviria à polícia, de todo modo é preciso levar em conta estes elementos: é dirigida ao ministro do Interior; a referência à Santa Sé é, por um lado, incongruente e, por outro, a única com indicação de um possível local como esconderijo; é a única passagem em que a calma argumentação adquire uma certa agitação, uma certa dramaticidade: com aqueles dois desesperados pontos de interrogação que seria demasiado fácil — isto é, demasiado difícil — explicar apenas no sentido literal de uma ansiosa busca de mediação. Entre outras coisas, Moro sabe muito bem que, no caso, ele pode ser o melhor mediador possível; assim como sabe muito bem que, para tratar com as Brigadas Vermelhas, uma organização como a Anistia Internacional seria melhor do que a Santa Sé.

E, sobre essa carta a Cossiga, cabe uma última observação: se Moro tivesse escrito apenas esta, talvez hoje ela fosse interpretada como uma recomendação de firmeza, de não aceitar chantagem, de não ceder à troca. Muitos elementos, tomados isoladamente, poderiam levar a pensar assim: não menos importante sendo aquela menção, fora dos moldes, à troca entre Brejnev e Pinochet, isto é, entre dois sistemas não apreciados por ele. Ou talvez Moro quisesse dizer: a troca, a sujeição à chantagem, é a linha extrema a se chegar; enquanto isso, ganhem tempo, negociem longamente — e me encontrem.

No mesmo dia da "abdução", o deputado Ugo La Malfa, líder do Partido Republicano, declara: "É um desafio ao Estado democrático. É preciso reagir aceitando-o". A retórica nacional, antiga brasa sob as cinzas, volta a arder. "O país aceita o desafio" é, nas manchetes dos jornais, a síntese disso: tragicômica síntese, a revê-las quatro meses depois e no balanço do único brigadista preso: aquele Cristoforo Piancone que o guarda carcerário Lorenzo Cotugno conseguiu ferir antes de cair mortalmente atingido.

Uma das inúmeras ondas de retórica alcançou e envolveu a sra. Eleonora Moro. Foi-lhe atribuída a frase — de heroica mulher da antiga Roma e como sinal de que "o antigo valor nos itálicos corações ainda não morreu"[4] —: "Meu marido não deve ser trocado em nenhum caso". A sra. Moro declina tal honra, desmente. Mas é o caso de atribuir o apócrifo apenas ao ardor da retórica? Não é precisamente ali, naquele momento, naquela falsidade, que se inicia o jogo da intransigência, da dureza? Em todo caso, quer provenha de um ímpeto retórico ou de um frio e desapiedado cálculo, a tentativa de transformá-la numa Volumnia — contra aquele Coriolano que, pedindo para ser resgatado, podia se tornar Moro — é prontamente rechaçada pela sra. Eleonora Moro. Mas uma frase tão "bela" e, sobretudo, tão útil não podia ficar esquecida: e, devido ao categórico desmentido, não sendo possível continuar a atribuí-la a ela, passou-se a dizer que a mulher era digna daquela frase não dita, que estava à altura dela, que aquela frase estava "subentendida na grande dignidade cívica de seu comportamento".

4 Verso de Francesco Petrarca na canção 128 de seu *Canzoniere*. [N.T.]

Atroz mistificação, entre as muitas que serão elaboradas sobre o caso e se empenharão em torná-lo mais atroz: e tem-se como que uma reverberação de vergonha, continuando a ter relação com a imprensa escrita.

Todos os mecanismos a acionar contra "a infame chantagem" são calibrados e lubrificados à espera de que "a infame chantagem" seja apresentada. Mas não se fala sobre isso no primeiro comunicado das Brigadas Vermelhas: aquele que, junto com uma fotografia de Moro, chega em 18 de março a um jornal romano (a imagem de Moro, que tem como fundo a bandeira das Brigadas Vermelhas, com seu ar de cansaço e tédio, e com um brilho de ironia entre a névoa do tédio, não se diferencia daquela que milhões de telespectadores conhecem). Não se fala sobre isso no segundo. E tampouco no terceiro, que acompanha a carta de Moro a Cossiga. As Brigadas Vermelhas asseguraram que "a infame chantagem" parecesse ser de desejo e solicitação apenas de Moro. Devem ter feito com que ele acreditasse que já haviam apresentado suas exigências: mas sem êxito ou resposta. Agora era responsabilidade dele, Moro, convencer "os amigos" do governo a fazerem a troca.

Seria fácil deduzir que a astúcia das Brigadas Vermelhas, o engodo em que envolveram Moro, eram precisamente isto, astúcia e engodo: pelo próprio tom da carta a Cossiga, que é o de quem continua ou intervém numa conversa iniciada por outro. Mas ninguém, ao que me parece, se deu ao trabalho de notar esse aspecto. As Brigadas Vermelhas tinham interesse que Moro aparecesse como o único peticionário e solicitante da troca à qual eles, por clemência e como comutação da condenação à morte, se renderiam. Tremendo, enquanto isso, diante do processo que tinham pela frente. Pelo lado digamos governamental, porém, o interesse era passar logo para a devastação psíquica e moral que as Brigadas Vermelhas haviam causado em Moro, reduzindo o homem que tinha "senso de Estado", "o grande estadista", à posição de pedir que o Estado abdicasse de sua natureza e função.

Mas Moro, o que realmente pensava e queria Moro?

Em primeiro lugar, queria que a polícia o encontrasse: e, portanto, a negociação, uma longa e tergiversante negociação, lhe pareceria — como sempre — ser a única forma e maneira de compensar as insuficiências e equívocos da polícia e levá-la, por várias operações ou por informação correta ou por acaso, à "prisão do povo". Enquanto isso, para que nesse meio-tempo "os amigos" dessem corda à negociação e a polícia se movimentasse, sua intenção era resistir ao processo, não o aceitar: atitude paralela à dos brigadistas perante o Tribunal de Turim.

Parece possível afirmar que — ao contrário do que declaram as Brigadas Vermelhas no comunicado nº 3 — Moro não estava colaborando com o processo e que "a plena colaboração do prisioneiro" se resumia a um diálogo político, como se vê não só à luz do comunicado nº 6 (de 15 de abril), mas também pelo que Moro diz a Cossiga e que pode ser confiavelmente traduzido nos seguintes termos: o processo por ora é político e, assim, não é senão uma discussão, à qual posso fazer frente, sobre minhas convicções; virá a se tornar mais rigoroso quando se passar àqueles fatos específicos referentes a responsabilidades específicas e pessoais; e então, apesar de minha vontade de não colaborar, é preciso levar em conta que "me encontro sob um domínio pleno e incontrolado" que podem me levar, com todos os meios, "a falar de maneira que poderia ser desagradável e perigosa". Não é uma chantagem: é uma previsão e um receio.

Em segundo lugar, além da contemporização e tergiversação de que a polícia se beneficiaria, Moro pensava que a troca deveria ser aceita "realisticamente", isto é, em função daquela força própria da realidade de tornar possíveis e lícitas as coisas que abstratamente não são possíveis nem lícitas. E mesmo que não todas as coisas, pelo menos aquelas em que uma vida humana está em jogo. Uma vida humana contra princípios abstratos: e pode um cristão hesitar na escolha?

Ele já havia expressado essa sua opinião entre "os amigos": falando de "abduções" com vistas a vantagens e de "abduções" políticas. Por que não reafirmá-la e defendê-la para seu caso?

O Moro que formula essa proposição: "a doutrina pela qual o sequestro não deve acarretar vantagens, discutível já nos casos comuns, em que é extremamente provável o dano do sequestrado, não se sustenta em circunstâncias políticas, nas quais se causam danos certos e incalculáveis não só à pessoa, mas ao Estado"; o Moro que formula essa proposição guarda plena coerência com o Moro político e com o Moro docente que os italianos conheceram por três décadas: com sua visão da vida, das coisas italianas, do curso da política; com seu senso de direito e com seu senso de Estado (e dessa vez o senso de Estado sem aspas: ou seja, diferente daquele que, por impostura, tentaram lhe impor).

Não creio que ele sentisse medo da morte. Talvez *daquela* morte: mas era ainda medo da vida. "Séculos de siroco", dissera-se, "estão em seu olhar". Mas também séculos de morte. De contemplação da morte, de amizade com a morte. Ronchey havia escrito: "É a encarnação do pessimismo meridional". O que é, no que consiste, o pessimismo meridional? Em ver todas as coisas, todas as ideias, todas as ilusões — mesmo as ideias e as ilusões que parecem mover o mundo — correrem para a morte. Tudo corre para a morte: a não ser o pensamento da morte, a ideia da morte. "Mais do que um pensamento, o pensamento da morte é o próprio pensamento." Penetra todas as coisas, como o siroco: nas terras do siroco.

Nas casas aristocráticas sicilianas havia, engenhosamente concebido creio que no século XVIII, um quarto do siroco: onde era possível se refugiar nos dias em que o vento soprava. Mas um quarto onde fosse possível se refugiar, se proteger do pensamento da morte? E, além disso, duvido que esses quartos constituíssem uma verdadeira proteção contra o siroco: antes que se perceba o siroco no ar, ele como que já se atarraxou nas têmporas, nos joelhos.

Não creio que ele sentisse medo da morte. Mas *daquela* morte... "Quem disse que a natureza humana é capaz de suportar isso sem enlouquecer? Por que tal afronta: monstruosa, inútil, vã? Talvez exista um homem para quem leram a sentença, a quem deram tempo para se torturar e depois disseram: 'Vai, foste indultado'. Um tal homem talvez pudesse relatá-lo. Desse suplício e desse horror Cristo também falou. Não, não é lícito agir dessa maneira com um homem."[5]

5 Assim fala o protagonista de Fiódor Dostoiévski em *O idiota*. [N.T.]

Com ele, agiu-se dessa maneira. E, aliás, pior: na obscura, tenebrosa, oculta paródia do *assassinato legal*. E nenhuma razão deveria impedir a tentativa de que isso não ocorresse: muito menos aquela que é chamada de *razão de Estado*, de um Estado que anulou o suplício e o horror da pena de morte.

Moro suportou isso sem enlouquecer. Não era um herói, nem preparado para o heroísmo. Não queria morrer *daquela* morte, tentou afastá-la de si. Mas, em seu não querer morrer, e *daquela* morte, havia também uma preocupação, uma obsessão, que ia além da própria vida (e da própria morte). Nessa preocupação, nessa obsessão, cabe ver talvez a comprovação daquela definição de "grande estadista" que lá fora, naquele momento, numa flagrante mistificação e num sentido totalmente diferente, lhe concediam. E era tão pouco "estadista" nesse outro sentido totalmente diferente que, quando fala em Estado e na razão de Estado na carta a Cossiga e em outras posteriores, ele entende o exato contrário de uma entidade que negligencia ou transcende o indivíduo, o único, sua particularidade e seu "particular". O Estado com que se preocupa, o Estado que ocupa seus pensamentos até a obsessão, creio que ele o encobriu na palavra "família". Que não é uma mera substituição — em vez da palavra Estado, a palavra família —, mas como que uma ampliação do significado: da família pessoal à família do partido e à família dos italianos dos quais, mesmo daqueles que não votam, o partido representa a "vontade geral". E nessa "vontade geral" há, na concepção de Moro, um único ponto sólido e inequívoco, a ser mantido na fluidez dos compromissos e das contradições: é a liberdade.

Na "prisão do povo", Moro viu a liberdade em perigo e entendeu de onde vem o perigo, como e quem o traz. Talvez reconhecesse a si mesmo como portador: como de certos contágios que alguns trazem sem adoecer. Daí sua ansiedade em sair da "prisão do povo": para comunicar o que entendeu, o que agora já sabe. "Se não tivesse uma família tão necessitada de mim, seria um pouco diferente", diz na segunda carta, dirigida a Zaccagnini. Note-se: "um pouco diferente". Não muito diferente o morrer do continuar a viver. Mas a família tem necessidade, "a maior necessidade". E irá repeti-lo em todas as cartas, até dizê-la "grave e urgente" na carta ao presidente da República.

Ora, essa afirmação sobre a necessidade que a família tem dele, necessidade grave e urgente, Moro bem sabia que encontrava um desmentido imediato na situação objetiva de sua família: pois ela tinha necessidade dele, de sua libertação, de seu regresso à esfera dos afetos, não à esfera patrimonial e social. Por outro lado, como meridional, não creio que pudesse considerar necessitada — de dinheiro ou de proteção — uma família como a sua. Um meridional a cujos filhos não falta trabalho e cujas filhas, além do trabalho, têm um marido; que deixa para a esposa uma casa e uma aposentadoria e para a família inteira um bom nome, considera-se liberado do problema da família e em dia com a vida e com a morte. Assim, é de se pensar que Moro continuava a martelar essas afirmações sobre a necessidade da família justamente porque encontravam um imediato e objetivo desmentido. Para que pensassem, enfim, que ele queria dizer outra coisa. E quando diz: "É sabido que os gravíssimos problemas de minha família são a razão fundamental de minha luta contra a morte" (carta recebida pelo jornal *Il Messaggero* em 29 de abril), ele pretende com o "sabido" ressaltar aquilo que não é sabido: e que, portanto, é preciso reconhecer outra razão para sua luta contra a morte. Além disso, nas cartas à família — pelo menos nas que se conhecem — não há nada que deixe entrever preocupações propriamente familiares. E pode-se contrapor que ele usou o argumento da família na acepção sentimental, sentimentalista, pietista em que os italianos o usam, isto é, segundo a longanesiana *boutade*:

"Na bandeira do italiano está escrito tenho família";[6] mas seria fazer uma injustiça à sua inteligência, a seu comedimento, à sua lucidez: qualidades de que — como se verá no futuro que já se iniciou — deu provas, mais do que em três décadas de atividade política, nas cartas que escreveu na "prisão do povo".

6 *Tengo famiglia*, expressão icônica atribuída a Leo Longanesi, que se tornou proverbial. [N.T.]

Na tarde de 4 de abril, chega à redação milanesa do jornal *La Repubblica* a carta de Moro para Zaccagnini, junto com o comunicado nº 4 das Brigadas Vermelhas e um opúsculo impresso que contém a *Resolução da direção estratégica*.

Quanto à razão pela qual as Brigadas Vermelhas inserem seu projeto estratégico no circuito dos grandes meios de divulgação, o qual por regra de estratégia deveria circular entre adeptos, talvez caiba buscá-la não só no sempre profícuo *excesso de evidência*, mas também na necessidade de alcançar — servindo-se justamente dos meios de divulgação do SIM — aqueles simpatizantes ainda não ligados a eles, mas que estão se ligando entre si. Apenas os simpatizantes, espalhados um pouco por toda parte, podem ler a *Resolução* com entusiasmo. E a polícia poderia lê-la com proveito: mas isso é de se duvidar.

A carta de Moro é tal que gera de imediato a seguinte nota, aprovada numa reunião fechada de expoentes democratas-cristãos, que é oficialmente entregue ao jornal do partido, mas que todos os jornais trazem no dia seguinte: "Como poderão ver os leitores, o texto da carta com assinatura de Aldo Moro, dirigida ao deputado Zaccagnini, revela mais uma vez as condições de absoluta coerção em que tais documentos são escritos e confirma que também essa carta *não é moralmente atribuível a ele*".

Os leitores, pelo menos aqueles — poucos ou muitos — que sabem entender o que leem, não eram do mesmo parecer dos expoentes democratas-cristãos: mesmo sendo um parecer compartilhado pelos grandes jornais, rádio e televisão. Quer aprovassem ou não o comportamento do deputado Moro, os leitores não podiam compreender por que se deveria considerar “fora de si”, sem condições de entender e querer, um homem que não queria morrer e que se dirigia a seu partido para que o resgatasse com meios que, embora eleitoralmente arriscados, não recorriam ao impossível. Havia, sim, aqueles cinco mortos: aqueles cinco homens da escolta massacrados no momento da “abdução”. Mas, caso se pense bem, aqueles cinco mortos eram razão para haver um sexto?

De todo modo, a carta de Moro não parecia delirante. E não era.

> Caro Zaccagnini,
>
> Escrevo a você, pretendendo me dirigir a Piccoli, Bartolomei, Galloni, Gaspari, Fanfani, Andreotti e Cossiga, aos quais você haverá de ler a carta e com quem haverá de assumir as responsabilidades que são, ao mesmo tempo, individuais e coletivas. Falo, antes de mais nada, da DC à qual se dirigem acusações que dizem respeito a todos, mas que sou chamado a pagar com consequências não difíceis de imaginar. Sem dúvida outros partidos estão em jogo; mas um problema tão terrível de consciência diz respeito acima de tudo à DC, a qual deve agir independentemente do que os outros digam, ou digam de imediato. Falo, antes de mais nada, do Partido Comunista, que, mesmo por ocasião de reiterar a exigência de firmeza, não pode esquecer que minha dramática abdução se deu enquanto se ia à Câmara para a consagração do Governo que tanto me dediquei a construir. Ademais, ao delinear a desgraçada situação, é de dever que eu relembre minha extrema relutância reiterada e motivada em assumir o cargo de Presidente que você me oferecia e que agora me arranca à família quando ela tem a maior necessidade de mim. Em termos morais é você que está em meu lugar, no qual materialmente estou eu. E, por fim, é de dever acrescentar, neste momento supremo, que, se

a escolta não estivesse, por razões administrativas, totalmente aquém das exigências da situação, eu talvez não estivesse aqui.

Este é o passado. O presente é que estou submetido a um difícil processo político cujos desenvolvimentos e consequências são previsíveis.

Sou um prisioneiro político que a brusca decisão de vocês de encerrar qualquer discurso relativo a outras pessoas igualmente detidas coloca numa situação insustentável. O tempo corre depressa e infelizmente não há muito. Cada momento pode ser tarde demais. Discute-se aqui não em termos de direito abstrato (embora existam as normas sobre o estado de necessidade), mas no plano da oportunidade humana e política, se não é possível dar com realismo à minha questão a única solução possível, prevendo a libertação de prisioneiros de ambas as partes, atenuando a atenção no contexto próprio de um fenômeno político. Manter-se firme pode parecer apropriado, porém uma concessão qualquer é não só justa, mas também politicamente útil.

Como já lembrei, é dessa maneira civilizada que se comportam muitos Estados. Se outros não têm a coragem de fazê-lo, que o faça a DC, que, em sua sensibilidade, tem o mérito de adivinhar como se mover nas situações mais difíceis. Se assim não for, será porque vocês assim o quiseram e, digo sem animosidade, as consequências inevitáveis recairão sobre o partido e sobre as pessoas. Depois se iniciará um outro ciclo mais terrível e igualmente sem saída. Quero deixar claro que digo essas coisas com plena lucidez e sem ter sofrido qualquer coerção em minha pessoa; ou, pelo menos, a lucidez que é possível a alguém que está há quinze dias numa situação excepcional, que não pode ter ninguém que o console, que sabe o que o espera. E, na verdade, sinto-me também um pouco abandonado por vocês. De resto, já expressei essas ideias a Taviani, para o caso Sossi, e a Gui, a propósito de uma contestada

> lei contra os sequestros. Cumprido meu dever de informar e relembrar, recolho-me em Deus, em meus entes queridos e em mim mesmo. Se não tivesse uma família tão necessitada de mim, seria um pouco diferente. Mas assim é preciso realmente coragem para pagar por toda a DC, tendo sempre dado com generosidade. Que Deus os ilumine e o faça logo, como é necessário. As mais afetuosas saudações.

Com aquela espécie de doutrina Monroe que sempre preconizou — a não ingerência de outras forças políticas e de opinião naquele continente que é a Democracia Cristã —, ele se dirige mais uma vez ao partido e, nominalmente, aos outros sete democratas-cristãos que, com Zaccagnini, "podem assumir as responsabilidades", podem decidir. Entre os oito está, de forma um tanto incongruente, Cossiga. Bastaria, para o governo, Andreotti: o presidente do Conselho. Mais necessária, devendo decidir sobre as negociações e a troca, seria a presença do ministro da Justiça. Por que Moro quer que Cossiga participe desse círculo restrito? Evidentemente para que o ministro do Interior diga de duas, uma: ou que as investigações e buscas estão em ponto morto e, portanto, impõe-se irrestritamente a necessidade da negociação; ou que a polícia está prestes a alcançar resultados e, portanto, ainda se pode resistir em não negociar ou negociar de uma determinada maneira.

A essa altura, após cerca de vinte dias de cativeiro, Moro certamente não tem muitas ilusões de que a polícia possa encontrá-lo e libertá-lo. Aposta mais na negociação, na troca: e oferece ao partido um argumento que pode servir para justificá-lo — supondo que a Democracia Cristã tenha necessidade de justificativas — perante os outros partidos e a opinião pública: o argumento de que sempre pensou assim, em coerência com o fato de ser cristão. Assim pensava Aldo Moro, presidente da Democracia Cristã, já alguns anos antes: que entre salvar uma vida humana e honrar princípios abstratos era preciso impor o conceito jurídico de *estado de necessidade* até se tornar um princípio: o princípio não abstrato da salvação do indivíduo contra os princípios abstratos. E assim não podiam deixar de pensar, sendo ou se dizendo cristãos, os homens da Democracia Cristã: das bases ao topo.

Mas uma insuspeita e enorme chama de idolatria ao Estado parece ter se colado e se apoderado da Democracia Cristã. Moro, que continua a pensar como pensava antes, agora já é um corpo estranho: uma espécie de doloroso cálculo biliar a ser extraído — com o ardor da idolatria ao Estado como anestésico — de um organismo que, como que tocado pelo milagre, adquiriu o movimento e o uso do "senso de Estado". É incômodo, claro, que se saiba que Moro *sempre pensou assim*; que não foram as Brigadas Vermelhas, com torturas e drogas, que o converteram à crença na licitude da troca de prisioneiros entre um Estado e um grupo subversivo. Mas há remédio: e nem é preciso muito esforço para aplicá-lo. Os jornais independentes e de partido, as revistas semanais ilustradas, o rádio, a televisão: quase todos estão ali, alinhados para defender o Estado, para proclamar a metamorfose de Moro e anunciar sua morte civil.

É como se um moribundo se erguesse do leito, desse um pulo para se agarrar ao lustre como Tarzan nos cipós, se lançasse pela janela saltando, lépido e fagueiro, para a rua. O Estado italiano ressuscitou. O Estado italiano está vivo, firme e forte. Faz um século, mais de um século, que ele convive com a máfia siciliana, com a camorra napolitana, com o banditismo sardo. Faz trinta anos que cultiva a corrupção e a incompetência, dissipa o dinheiro público em rios e riachos de fraudes e desfalques impunes. Faz dez anos que aceita tranquilamente aquilo que De Gaulle chamou — no momento de acabar com ela — de "hora do recreio": escolas ocupadas e devastadas, violência dos jovens entre si e para com os professores. Mas agora, diante de Moro prisioneiro das Brigadas Vermelhas, o Estado italiano se levanta forte e solene. Quem ousa duvidar de sua força, de sua solenidade? Que ninguém tenha dúvidas: muito menos Moro, na "prisão do povo".

"O Estado italiano forte com os fracos e fraco com os fortes", dissera Nenni. Quem são os fracos, hoje? Moro, a esposa e os filhos de Moro, aqueles que pensam que o Estado deveria ter sido e deveria ser forte com os fortes.

O súbito erguer-se do Estado "como torre firme que não desmorona" surpreende Moro. Como daquela larva saiu esse monstro blindado e armado? Foram "os outros" que transmitiram à Democracia Cristã uma disposição tão férrea na defesa do Estado? Os outros: "Falo, antes de mais nada, do Partido Comunista, o qual, mesmo por ocasião de reiterar a exigência de firmeza, não pode esquecer que minha dramática abdução se deu enquanto se ia à Câmara para a consagração do Governo que tanto me dediquei a construir". Mas era precisamente isso que o Partido Comunista não esquecia: e isso ficará claro para Moro dali a alguns dias. Enquanto isso, inconscientemente, reivindicando o mérito daquela construção, usa a palavra "consagração". Um lapso para um católico; um pressentimento para o homem que se sente "um pouco abandonado" (e queria dizer totalmente). "A coisas meramente humanas", diz o católico Tommaseo, "não se deveria jamais aplicar essa elevada palavra... *Consagrar-se* tornando sagrado o que não era sagrado, com palavras solenes, com atos, com ritos". Palavras solenes: a defesa do Estado. Ritos: o massacre de cinco homens, a execução de um condenado à morte.

Defrontam-se dois stalinismos: e, por uma questão de comodidade mais atual, chamo de stalinismo uma coisa muito mais antiga, "a coisa" desde sempre exercida por alguns homens não humanos sobre a inteligência e o sentimento dos homens, deles espremendo dor e sangue. Ou melhor: defrontam-se duas metades de uma mesma coisa, da "coisa"; e de modo lento e inexorável se aproximam para esmagar o homem que está no meio delas. O stalinismo consciente, abertamente violento e impiedoso das Brigadas Vermelhas, que mata sem processo os servidores e com processo os dirigentes do SIM; e o stalinismo sorrateiro e sutil que opera sobre as pessoas e sobre os fatos como se fossem palimpsestos: raspando o que se lia antes e reescrevendo como se presta ao momento.

Moro não quer ser esmagado. Não por covardia, mas, diríamos, por serviço. Há como que uma impassibilidade burocrática, de rotina, na conclusão de sua carta a Zaccagnini: "Cumprido meu dever de informar e relembrar...". E note-se: "de informar". E onde pode estar aninhada a informação? Provavelmente naquele algo que deveria estar, mas não está na carta: uma manifestação de piedade, de pesar, pela escolta que viu ser massacrada. "E, por fim, é de dever acrescentar, neste momento supremo, que, se a escolta não estivesse, por razões administrativas, totalmente aquém das exigências da situação, eu talvez não estivesse aqui." De dever: não um protesto, não uma recriminação; e no "momento supremo", na hora da verdade. A aproximação entre um fato evidente a todos, como a ineficiência da escolta, e o "momento supremo" em que ele sente o dever de comunicar uma constatação tão óbvia, é *desproporcional*. Além disso, os homens da escolta pagaram sua ineficiência com a vida. E se com "razões administrativas" Moro queria aludir a falhas e culpas que estavam em grau acima dos cinco homens, com tanto maior razão deveria mostrar piedade por eles.

Não era um cínico; e, se fosse, calcularia o efeito favorável a ele que uma palavra de pesar por aqueles cinco mortos causaria entre a opinião pública. Em lugar disso, ela foi calculadamente vetada. Por quê? O carabineiro Domenico Ricci era seu motorista fazia cerca de vinte anos; o sargento Oreste Leonardi estava com ele havia quinze anos. É inacreditável que não houvesse se estabelecido entre eles uma relação afetiva. No entanto, assassinados sob seus olhos, Moro não tem para eles uma única palavra de piedade. Por quê? Talvez, justamente, por causa disto: para que "os amigos" — e sobretudo Cossiga — se indagassem e procurassem a razão.

Pode-se pensar que ele viu apenas de forma confusa, sem entender direito, o que acontecera numa sequência fulminante na Via Fani: contudo, por mais fulminante que fosse a ação, ele com certeza teve pelo menos tempo de perceber que Leonardi e Ricci, em seu automóvel, tinham sido mortalmente atingidos. Além disso, lia os jornais: e faziam com que lesse não só por aquela ética carcerária já mencionada, mas também porque não havia nada nos jornais que pudesse reconfortar Moro, que pudesse incentivá-lo a resistir, que servisse para lhe dar a consciência de ter de defender algo que valesse a pena defender.

Mas essa passagem da carta está destinada a continuar relegada ao mistério — ou ao silêncio. Pelo menos enquanto a necessidade de se confessar ou a vaidade de contar não se tornar irresistível para alguma das *dramatis personae*, de um ou de outro lado.

Entre os dois "amigos" que Moro, na carta a Zaccagnini, pede que atestem sua opinião inalterada sobre a necessidade de que o cidadão privado pague os resgates e o Estado ceda às trocas, o senador Gui confirma, mas o senador Taviani nega.

E não só a confirmação de Gui, mas também a consideração de que Moro não chamaria em causa, para atestar algo não verdadeiro, um "amigo" que sabe nem ser tão amigo, tornam o desmentido de Taviani inútil e miserável. Pode-se atribuir-lhe esquecimento, mas não verdade. Verdade é a de Moro. E de fato ele reage como alguém que, em condições de aflição e impotência, é ferido pela mentira enquanto espera ser ajudado pela verdade:

> Chega até aqui a notícia de um desmentido que o senador Taviani contrapôs à minha afirmação, aliás incidental, contida em minha segunda mensagem, qual seja, que eu havia expressado minhas ideias sobre a troca de prisioneiros (nas circunstâncias agora em pauta) e uma forma de disciplinar os sequestros, respectivamente, aos ilustríssimos Taviani e Gui (hoje ambos senadores). O senador Gui corretamente confirmou; o senador Taviani desmentiu, sem evidentemente sentir qualquer desconforto em contestar a palavra de um colega distante, em condições difíceis e com escassas e esporádicas comunicações. Por que então o desmentido? Não há senão uma explicação: por excesso de zelo, isto é, pelo risco de não estar nessa circunstância na primeira fila a defender o Estado.
>
> No entanto, o que eu disse é verdade e posso especificar ao desmemoriado Taviani (desmemoriado não só por isso) que comentei a esse respeito com ele durante uma reunião de diretoria bastante agitada, realizada em sua sede do EUR justamente

nos dias em que ocorriam os fatos nos quais me inspirei para minha casual referência. E não acrescentei, porque me pareceria extremamente indiscreto expor a opinião do interlocutor (não o fiz tampouco quanto ao senador Gui), qual era a opinião contraposta àquela que, segundo meu costume, eu fazia pacatamente valer. Mas para que o senador Taviani, pronto a desmentir o fato objetivo de minha opinião, não se alarme com o receio de que eu queira apresentá-lo como se tivesse meu mesmo pensamento, apresso-me em dizer que Taviani pensava de modo diferente de mim, como tantos hoje também pensam de modo diferente de mim e do mesmo modo de Taviani. Eles, Taviani em primeiro lugar, estão convencidos de que essa é a única maneira de defender a autoridade e o poder do Estado em momentos como esses. Fazem referência a exemplos estrangeiros? Ou tiveram sugestões? Eu, pelo contrário, desde então disse reservadamente ao ministro e agora repeti e ampliei uma avaliação segundo a qual, em fatos como esses, que são de autêntica guerrilha (pelo menos isto é guerrilha), não se pode agir como se age com a delinquência comum, para a qual, aliás, o Parlamento introduziu por unanimidade correções que considerava inadiáveis por razões de humanidade. No caso que agora nos ocupa, tratava-se de imaginar, com as devidas garantias, colocar o tema de uma troca de prisioneiros políticos (terminologia difícil, mas correspondente à realidade) com o objetivo de salvar outras vidas humanas inocentes, de dar humanamente um espaço de respiro a combatentes, mesmo que estejam do outro lado da barricada, de instaurar um mínimo de pausa, de evitar que a tensão cresça e o Estado perca crédito e força, por estar sempre envolvido num duelo processual cansativo, pesado para quem o sofre, mas também sem proveito para a funcionalidade do Estado. Há, em suma, um conjunto de razões políticas a avaliar e dar continuidade, sem formar imediatamente um bloco impermeável, no qual não entrem sequer parcialmente aquelas razões de humanidade e sabedoria que povos civilizadíssimos do mundo sentiram em circunstâncias dolorosamente análogas e que os levaram àquele grau de razoável flexibilidade a que a Itália se recusa, esquecendo que decerto não é o Estado mais férreo do mundo, equipado, material e psicologicamente, para conduzir a fila de países como Estados Unidos, Israel, Alemanha (não, porém, a de Lorenz), preparados de forma bem diversa para recusar um momento de reflexão e de humanidade.

A inopinada saída do senador Taviani, ainda agora incompreensível para mim e, de todo modo, por mim considerada, nas condições em que me encontro, desrespeitosa e provocadora, me leva a avaliar por um momento esse personagem há mais de trinta anos pertencente à DC. No que ressalto não há nada de pessoal, mas sou impelido pelo estado de necessidade. O que ressalto, expressão de um mau costume democrata-cristão que deveria ser totalmente corrigido na encetada renovação do partido, é a rigorosa catalogação de correntes. Taviani tem sido uma viva demonstração dessa linhagem, com guinadas tão bruscas e imotivadas que nos deixam estupefatos. De matriz católica democrática, Taviani passeou por todas as correntes, levando-lhes sua inconteste eficiência, uma grande amplitude de meios e uma certa falta de escrúpulos. Tendo eu saído das filas doroteias depois de 1968, tendo uma clara impressão de que Taviani me esperava naquela passagem, para dar vida a uma formação mais robusta e equilibrada, a qual, mesmo em posições diferentes, poderia ser útil para a melhor configuração da DC, aguardei em vão um encontro que fora marcado comigo e depois outros mais, até que constatei que a configuração buscada e realizada era diferente e oposta. Eram os tempos em que Taviani falava de um apoio totalmente à direita, de um acordo com o Movimento Sociale[7] como forma de solucionar a crise italiana.

7 MSI: Movimento Sociale Italiano, de orientação neofascista. [N.T.]

E nós, que havia anos o escutávamos propor outras coisas, olhamos estupefatos para ele, mesmo porque fazia tempo que o partido da DC havia bloqueado até as mais modestas formas de entendimento com aquele partido. Mas, movido depois pelo realismo político, o senador Taviani se convenceu de que a salvação não podia vir senão de uma aproximação ao Partido Comunista. Mas, na época em que ocorreu a última eleição de presidente da República, o terror do valor contaminante dos votos comunistas sobre minha pessoa (estranha, como sempre, às contendas) induziu Taviani e alguns outros personagens de meu partido a uma espécie de luta cotidiana contra o homem, cansativa pelo aspecto pessoal que parecia ter, a ponto de fazer suspeitar de eventuais interferências de ambientes americanos, e absolutamente inútil, pois não havia nenhum ávido aspirante à sucessão naquele indivíduo que se queria combater. Em sua longa carreira política, que depois abandonou de súbito sem uma explicação plausível, a não ser que fosse para se reservar a responsabilidades mais elevadas, Taviani, depois também de um breve período na secretaria do Partido, porém sem sucesso, ocupou os mais diversos e importantes cargos ministeriais. Entre eles cabe assinalar por sua importância o Ministério da Defesa e o Ministério do Interior, ambos ocupados por bastante tempo com todos os complexos mecanismos, centros de poder e ramificações secretas que comportam. A esse respeito, pode-se lembrar que o alm. Hencke, que se tornou chefe do SID [Servizio Informazioni Difesa] e depois chefe do Estado-Maior da Defesa, era um homem de Taviani que havia colaborado com ele por muito tempo. A importância e a discrição das múltiplas pastas ocupadas podem nos explicar o peso que ele teve no Partido e na política italiana, até o momento em que pareceu sair de cena. Nos dois cargos sensíveis que ocupou, ele manteve contatos diretos e de confiança com o mundo americano.

> Haverá talvez, em sua dura posição contra mim, uma instrução americana e alemã?

A carta chega aos jornais na tarde de 10 de abril. É publicada por todos: é evidente que o gosto de documentar uma discórdia interna democrata-cristã é superior ao comedimento censor que, por "senso de Estado", os jornais dizem ter se imposto. A breve biografia do senador Taviani traçada por Moro diverte a todos. E talvez fossem coisas já sabidas, mas que, ditas por Moro, adquirem outro peso. E é supérfluo dizer que quem mais se diverte são as Brigadas Vermelhas. "Antecipamos", escrevem no comunicado nº 5 que acompanha a mensagem de Moro, "entre as declarações que o prisioneiro Moro está fazendo, aquela imparcial e incompleta que se refere ao delinquente de Estado Emilio Taviani. Não queremos fazer nenhum comentário ao que Moro escreve porque, mesmo na retorcida linguagem moriana que, ao afirmar algumas certezas, assume as formas de veladas alusões, ele expressa com clareza seu ponto de vista no que se refere a Taviani, seus jogos de poder na DC e as tramas em que está envolvido". Na verdade, essa carta tem muito de velado e de contorcido, mesmo sendo uma das mais soltas que Moro já escreveu. E soltas é a palavra correta: Moro começa, de um modo pirandelliano, a se soltar da forma, pois tragicamente entrou na vida. De personagem a "homem sozinho", de "homem sozinho" a criatura: as passagens que Pirandello atribui à única salvação possível.

Nessa carta há também aquela ironia que o político Moro ocultava e raramente deixava entrever. Ocultava-a, precisamente: nada é mais difícil de entender, mais indecifrável, do que a ironia. E se se pode enforcar um homem movendo-lhe como acusação uma única frase sua retirada do contexto, com tanto maior razão e mais facilmente pode-se enforcá-lo movendo contra ele uma frase irônica sua. Esta, por exemplo: "dar humanamente um espaço de respiro a combatentes, mesmo que estejam do outro lado da barricada". Moro querendo dar respiro às Brigadas Vermelhas, reconhecendo-as como combatentes! Não é preciso mais nada para considerar que ele se passou para as Brigadas Vermelhas. E, de fato, o senador Taviani anuncia aos jornais que "não pretende abrir uma polêmica com as Brigadas Vermelhas".

Sugestionado ou convencido, Moro agora fala como as Brigadas Vermelhas e pelas Brigadas Vermelhas: esta é a tese que desce como uma enorme lápide sobre o homem vivo, combativo e arguto que Moro continua a ser na "prisão do povo", enquanto se rememora e se celebra o Moro já morto, o Moro a ser homenageado com um monumento: o "grande estadista" que Moro jamais foi. Em seu velho embasbacamento-tresvariamento em relação ao Estado (e o digo sem escárnio, pois também sou afetado por isso: só que ele considera que o vislumbrou certa vez na Itália, e eu nunca), Montanelli entoará um "réquiem a Moro"; e o deputado Antonello Trombadori, comunista, lançará nos corredores da Câmara dos Deputados o grito: "Moro morreu!". Autosselecionado ou escolhido entre os tantos "amigos", um grupo de "amigos de Moro" prepara um monstruoso documento de menosprezo: *O Moro que fala da "prisão do povo" não é o Moro que conhecemos.*

Na verdade, Moro nunca esteve tão próximo de sua imagem de homem político sutil quanto nessa carta contra Taviani. O desmentido de Taviani lhe causou amargura, afundou-o ainda mais na condição de "homem sozinho", porém, ao mesmo tempo, como que ampliou seu jogo, ofereceu-lhe a possibilidade de jogar dentro das Brigadas Vermelhas: sem dar a parecer, semeando a dúvida entre elas. E o veneno dessa dúvida está na frase final da carta, na pergunta: "Haverá talvez, em sua dura posição contra mim, uma instrução americana e alemã?". Pode parecer um corolário à biografia política de

Taviani que Moro traçou sumariamente, mas com consumada malícia: e o é *à la lettre* (Taviani é o homem dos americanos, assim como Henke era o homem de Taviani). Mas considere-se o efeito de tal pergunta sobre os jovens militantes das Brigadas Vermelhas: Moro — um dos homens que estavam no topo do SIM e um dos mais inteligentes —, que se pergunta se o homem dos americanos, ao negar uma verdade tão claramente verdadeira, também foi dessa vez instruído e comandado pelos americanos — e pelos alemães. E se Moro, de modo formal e retórico, se pergunta isso, não quer dizer que tem essencialmente a certeza disso? E, portanto, a ação deles — ao capturar Moro, ao mantê-lo prisioneiro — corresponde *também* a um projeto americano e alemão, contribui involuntariamente para ele, facilita-o acidentalmente — ou faz diretamente parte dele?

Se Moro lhes insinuasse tal dúvida nas longas conversas que com certeza mantinham, ou durante o "processo", não a levariam em conta, iriam justamente considerá-la uma insinuação, uma tentativa de semear a cizânia. Mas Moro faz essa pergunta — isto é, essa certeza, essa acusação — a seus "amigos": e num momento de raiva e desespero. E não é inquietante saber que o homem dos americanos, o "delinquente de Estado" Taviani, tem tanto interesse que Moro permaneça na "prisão do povo" e ali morra quanto seus chefes, os chefes das Brigadas Vermelhas?

Pode ser que aqui se esteja romanceando: mas não é improvável que, com essa carta de Moro, se crie nas Brigadas Vermelhas aquela espécie de dicotomia sem sinais aparentes, mas que, a certo ponto, se torna perceptível. Tão perceptível que leva o Partido Socialista Italiano, que também fazia parte da maioria do governo, a romper o clima de idolatria ao Estado e a propor aos outros partidos, sobretudo à Democracia Cristã, uma abertura às negociações. Como é impensável que um partido, um partido inteiro, se mova por súbitos sopros humanitários ou pelo súbito anseio de se mostrar diferente, justamente em sentido humanitário e sentimental, é de se suspeitar que o Partido Socialista Italiano (isto é, os homens que assumiram a responsabilidade de romper o fronte da idolatria ao Estado) tenha notado algum sinal daquela dicotomia.

Com certeza estava ocorrendo algo de novo, de imprevisto, dentro das Brigadas Vermelhas. No comunicado nº 6, que chega à redação milanesa do jornal *La Repubblica* na noite de 15 de abril, dizem: "a esse ponto fazemos uma escolha".

A escolha é divulgar apenas de forma clandestina as informações de que dispõem: principalmente, portanto, as conclusões do "processo" — que anunciam ter se encerrado com a condenação à morte — movido contra Moro. Motivação da escolha: "A imprensa do regime está sempre a serviço do inimigo de classe; e a mentira, a mistificação são para ela a regra, e nesses dias deu disso uma prova superlativa...". Motivação um tanto banal que, no entanto, tem todo o ar de um arrependimento; e tardio, além do mais. E depois, tomando não só como verdade, mas também como coisa líquida e certa, que a imprensa "do regime" opera de modo mistificador, não há dúvida de que ela deu à ação das Brigadas Vermelhas uma amplificação quase mítica e a seus comunicados teóricos ou práticos uma divulgação imensa. E vendo os efeitos: as interpretações das ações e comunicações das Brigadas Vermelhas, por mais mistificadas e mistificantes que fossem, recaem sempre sobre um público já disposto, predisposto, a aceitá-las; ao passo que os textos, publicados na íntegra, alcançam áreas de simpatizantes que a divulgação clandestina jamais conseguiria alcançar. Assim, ao comunicar resoluções e informações à imprensa "do regime", as vantagens são — para as Brigadas Vermelhas — consideravelmente maiores do que as desvantagens, os ganhos maiores do que as perdas. Então por que dizem que escolheram o silêncio?

Será — em seu aguçadíssimo senso de teatralidade, de golpes de cena, de suspense — um compasso de espera? Ou precisam fazer um balanço, refletir? Ou a "central" sente a necessidade de uma coordenação mais precisa, de um controle mais cerrado: com as "colunas", sobre as "colunas"; e, principalmente, com e sobre aquela que retém Moro? E podemos também nos deter nessa hipótese e imaginar (imaginar, imaginar!) que uma melhor coordenação e um controle mais estrito parecem necessários para a "central" por causa da inquietação semeada — entre os militantes mais jovens, entre os executores menos prudentes da "coluna" romana — pela carta de Moro contra Taviani e pelo resultado insatisfatório do "processo". E que o resultado do "processo" foi insatisfatório, é algo que se deduz facilmente — e até facilmente demais — desse *leitmotiv* do comunicado nº 6: "Não há segredos referentes à DC, a seu papel de cão de guarda da burguesia, à sua tarefa de pilar do Estado das Multinacionais, que sejam desconhecidos pelo proletariado... Que mistérios do regime DC de De Gasperi a Moro podem existir que os proletários já não tenham conhecido e pagado com seu sangue?... Não há, pois, 'clamorosas revelações a fazer'...". Nada de segredos, nada de mistérios, nenhuma clamorosa revelação: mais valia — porque isso se sabia desde antes, pois não é um resultado do processo — deixar Moro na Via Fani, irmanado na morte com aqueles cinco servidores do SIM.

Percebem, eles também, que caíram em contradição. E logo a seguir, no mesmo comunicado, emendam: "O interrogatório de Aldo Moro revelou as torpes cumplicidades do regime, apontou com fatos e nomes os verdadeiros e ocultos responsáveis...". Mais uma vez se contradizendo: isso significava que havia revelações a fazer, e clamorosas. E, considerando o comunicado como o dispositivo de uma sentença, cabe notar esta outra e mais grave contradição: Moro aparece, e justo enquanto é condenado à morte, como (repetindo a expressão de Pasolini) "o menos implicado de todos": o menos implicado nas tramas de poder, nos escândalos, nas corrupções. Mais do que como réu, ele aparece como testemunha. E como testemunha de acusação, além do mais: daqueles cultivados e benquistos pelos promotores públicos. Alguém que "aponta", que "indica", que "põe a nu". Não há um único traço na sentença que permita vislumbrar uma culpa efetiva sua, uma responsabilidade específica sua. E nunca se diz que ele está acusando justamente os outros para salvar injustamente a si mesmo. Vem-nos à lembrança aquele episódio da revolução mexicana que Martín Luis Guzmán narra naquele grande livro que é *El águila y la serpiente*: o do general revolucionário que, entrando vencedor num vilarejo, convoca cinco ou seis notáveis e determina que cada um deposite um determinado valor: tantos milhares de pesos ao primeiro, no prazo de três horas; o dobro para o segundo, em quatro horas; e assim por diante, a cada um aumentando o valor e espaçando o tempo: sob pena de enforcamento. Expiradas as três horas, o primeiro, que se declara desesperadamente pobre, é enforcado; mas os outros, mesmo antes que expire o tempo designado a cada um deles, entregam os pesos. Satisfeito, o general elogia a qualidade do sistema ao ajudante. "Mas o primeiro não pagou", observa o ajudante. E o general: "Mas não tinha como pagar, eu sabia disso: e era exatamente por essa razão que ele me servia".

Pode-se ter a impressão de algo similar no comunicado nº 6. Mas tem-se sobretudo a impressão de um momento de inquietude, de incerteza, de indecisão: mesmo na terrível decisão da condenação à morte. É de se imaginar (ainda imaginar) que desse momento de indecisão nasce o lance do comunicado nº 7: aquele comunicado que as Brigadas Vermelhas depois disseram ser falso e que a imprensa "do regime" tomou como "falso": delicadamente duvidando, ao colocar a palavra entre aspas, que as Brigadas Vermelhas estivessem dizendo a verdade. E aqui seria possível elaborar todo um discurso sobre o mito de rigor e de verdade, junto com o da mortífera perfeição e da impossibilidade de captura, de que gozavam e gozam as Brigadas Vermelhas no inconsciente coletivo e naquela parte do inconsciente coletivo que se aninha nas instituições (a polícia, a magistratura, o jornalismo). Um caso extremo disso foi aquele que ocorreu num banco de uma cidadezinha do Norte da Itália, a cujo guichê se apresenta um senhor que, abrindo o casaco para mostrar com *nonchalance* e discrição um revólver, pede ao caixa que o acompanhe até o escritório do diretor: enviado, diz ele, pelas Brigadas Vermelhas. E pede ao diretor, sempre em nome das Brigadas Vermelhas, uma contribuição de 80 milhões. Ao recebê-la, deixa um recibo, faz-se acompanhar até a porta, recomenda que não toquem o alarme e não registrem denúncia até as seis da tarde (recomendação fielmente seguida): e desaparece. Caso extremo, e de extrema comicidade: mas sintoma revelador de um estado de ânimo bastante difundido.

O "falso" comunicado nº 7 chega no fim da manhã de 18 de abril. Graficamente há elementos que depois seriam apresentados como prova de sua falsidade. Na linguagem, há um *quê a mais* de cinismo zombeteiro, de frivolidade macabra. Os que haviam redigido os comunicados anteriores, aqueles com certeza autênticos, teriam sido mais solenes e mais prolixos.

> Hoje, 18 de abril de 1978, encerra-se o período "ditatorial" da DC que durante trinta anos dominou com a lógica da prepotência. Em concomitância com essa data, comunicamos a ocorrida execução do presidente da DC Aldo Moro, mediante "suicídio". Permitimos a recuperação do corpo, fornecendo o local exato onde ele jaz. O corpo de Aldo Moro está imerso nos atoleiros pantanosos (e por isso se declarava atolado) do lago Duchessa, alt. 1.800 mt., perto da localidade de Cartore (RI), zona confinante entre o Abruzzo e o Lácio.
>
> É apenas o início de uma longa série de "suicídios": o "suicídio" não deve ser uma "prerrogativa" apenas do grupo Baader-Meinhof.
>
> Comecem a tremer por seus malfeitos os vários Cossiga, Andreotti, Taviani e todos que apoiam o regime.
>
> P.S. Recordamos aos vários Sossi, Barbaro, Corsi etc. que estão sempre submetidos a uma liberdade "vigiada".

O elemento que se opõe à falsidade, o elemento pelo qual se pode considerá-lo proveniente das Brigadas Vermelhas, é este em particular: atentos como sempre foram às datas, às ocasiões, às correspondências simbólicas, seria possível que deixassem passar o 18 de abril sem realizar alguma ação qualquer ou sem ao menos emitir um comunicado? Em 18 de abril de 1948, a grande vitória eleitoral da Democracia Cristã dera início ao "regime", ao SIM: seria possível que as Brigadas Vermelhas se esquecessem de celebrar à sua maneira o aniversário de trinta anos?

Mesmo o tom diferente do comunicado, sua atroz leviandade, pode encontrar explicação na autenticidade: quem o escreve, sabe que Moro está vivo; e sabe que está zombando da polícia, troçando do SIM. E outro elemento: é apenas na noite do dia 20 que as Brigadas Vermelhas emitem o comunicado nº 7, o "verdadeiro" comunicado nº 7 contra o "falso". Por que esperaram dois dias? Com certeza para que os efeitos da zombaria se desdobrassem plenamente aos olhos dos italianos, com aquelas vãs e grotescas buscas no lago Duchessa. Sem falar que a zombaria podia também estar atendendo a uma necessidade premente de descompressão, de desvinculação: justamente na manhã de 18 de abril, a polícia tinha descoberto na Via Gradoli, a pouca distância da Via Fani, um "esconderijo" das Brigadas Vermelhas. Afastar as forças policiais de Roma e desviar a atenção daqueles indícios que indubitavelmente os brigadistas haviam deixado no apartamento da Via Gradoli podia ser uma plausível necessidade.

No "verdadeiro" comunicado nº 7, dividido em dois parágrafos, o segundo é dedicado ao "falso": "O comunicado falso de 18 de abril": "uma lúgubre jogada dos especialistas em guerra psicológica". Não se indignam muito nem se demoram em procurar uma explicação. Parecem realmente convencidos de que os especialistas em guerra psicológica saíram a campo contra eles e que é a essa tão grande especialidade que se deve o "falso comunicado". E inclusive seria possível concordar com eles se se conseguisse ver por um único instante o Ministério do Interior capaz de uma iniciativa qualquer. O fato é que o "falso" comunicado poderia ser igualmente idealizado pelas Brigadas Vermelhas ou pelo governo — desde que o governo fosse capaz de idealizar alguma coisa. Servia — e serviu — a ambos: como *ballon d'essai*, como ensaio geral, como óbvio esquema para que se descarregassem sobre uma notícia falsa — que depois seria declarada falsa — aquelas tensões, emoções e juízos que teriam se descarregado sobre a verdadeira; assim tornando a notícia verdadeira, que iria estourar a uma distância mais ou menos calculada, como que reduzida, desvitalizada. Moro fora condenado à morte diretamente pelas Brigadas Vermelhas e indiretamente pela Democracia Cristã, pelo Estado: era preciso fazer com que as reações de reprovação, de horror e piedade que seriam causados pela notícia da execução se reduzissem, se desvitalizassem. E isso era de interesse dos dois lados. A Democracia Cristã tinha de acertar as contas com o cristianismo, do qual, diante do caso Moro, começavam a se acender algumas centelhas mesmo nos católicos praticantes (e mais do que centelhas entre os não praticantes e laicos). E os brigadistas tinham de acertar as contas com aquela esquerda à esquerda do Partido Comunista que ainda os chamava de "companheiros" ("companheiros equivocados"), a qual — depois do assassinato do jornalista Casalegno — não só começava a distinguir entre homicídio e revolução, mas começava também a se sentir preocupada que a série crescente dos crimes revolucionários talvez servisse para preparar a revolução, mas que mais rápida e certamente surtiria efeitos de reação, de repressão.

O "falso" comunicado, diziam então os jornais: com delicadeza, como se disse, querendo insinuar a suspeita de que, falso no conteúdo, não o seria na proveniência. A "lúgubre jogada", dizem as Brigadas: menos delicadamente devolvendo a suspeita como acusação clara: ao "regime", ao governo, ao presidente do Conselho Andreotti. A "lúgubre jogada": como se — admitindo que o falso não proviesse deles — fosse menos lúgubre a proclamação da sentença de morte e a decisão de executá-la. De executá-la a não ser que... E eis que, pela primeira vez, no "verdadeiro" comunicado nº 7, finalmente apresentam a condição que, até aquele momento, haviam feito com que parecesse proposta e propugnada apenas por Moro: "A soltura do prisioneiro Aldo Moro pode ser levada em consideração apenas mediante a libertação de prisioneiros comunistas". É um ultimato: a Democracia Cristã e o governo devem dar uma resposta "clara e definitiva" em 48 horas, a partir das 15h de 20 de abril.

Logo após o comunicado nº 7 ("verdadeiro" ou bis, como se queira chamá-lo), no mesmo dia 20 chega à redação milanesa do *La Repubblica* uma fotografia de Moro. Como certificação daquilo que na burocracia se diz "existência em vida", puseram-lhe nas mãos o *La Repubblica* do dia anterior. Moro ali aparece não depauperado. E com o cansaço de sempre.

No dia seguinte, Zaccagnini recebe uma nova carta de Moro. Nela vem desenvolvida a tese, bastante lúcida e suficientemente partilhável, de que o "respeito cego à razão de Estado" na recusa de resgatar sua vida reintroduz na prática a pena de morte no ordenamento constitucional italiano.

> Caro Zaccagnini:
>
> Dirijo-me a você e pretendo com isso me dirigir no modo mais formal e, de certa forma, solene à Democracia Cristã inteira, à qual me permito dirigir-me ainda em minha qualidade de presidente do Partido. É uma hora dramática. Há certamente problemas para o País que não quero ignorar, mas que podem encontrar uma solução equilibrada também em termos de segurança, porém respeitando aquela inspiração humanitária, cristã e democrática, à qual Estados civilizadíssimos se demonstraram sensíveis em circunstâncias análogas, diante do problema da salvaguarda da vida humana inocente. E, de fato, diante dos do País, há os problemas que se referem à minha pessoa e à minha família.
>
> Desses problemas, terríveis e angustiantes, não creio que vocês possam se livrar, mesmo perante a história, com a facilidade, com a indiferença, com o cinismo que têm manifestado até agora ao longo desses quarenta dias de meus terríveis

sofrimentos. Com profunda amargura e perplexidade vi em poucos minutos, sem nenhuma séria avaliação humana e política, adotar-se uma atitude de rígido fechamento.

Vi-a adotada pelos dirigentes, sem que se revele onde e como um tema terrível como esse tenha sido discutido.

Vozes de discordância, inevitáveis num partido democrático como o nosso, artificiosamente não emergiram. Minha própria desgraçada família foi, de certo modo, sufocada, sem que pudesse gritar desesperadamente sua dor e sua necessidade de mim. Será possível que vocês todos estejam de acordo em querer minha morte por uma suposta razão de Estado que alguém rancorosamente lhes sugere, como se fosse a solução de todos os problemas do País? Solução dos problemas coisa nenhuma. Se esse crime fosse perpetrado, iria se abrir uma espiral terrível a que vocês não conseguiriam fazer frente. Seriam abalroados. Iria se abrir uma rachadura com as forças humanitárias que ainda existem nesse País. Iria se abrir, irremediável, apesar das primeiras aparências, uma fratura no partido que não conseguiriam controlar.

Penso nos tantos e tantos democratas-cristãos que se acostumaram por anos a identificar o partido com minha pessoa. Penso em meus amigos da base e dos grupos parlamentares. Penso também nos muitíssimos amigos pessoais que vocês não conseguiriam fazer com que aceitassem essa tragédia. Será possível que todos eles renunciem nessa hora dramática a fazer ouvir sua voz, a contar com o partido como em outras circunstâncias de menor relevo?

Falo claramente; de meu lado, não absolverei nem justificarei ninguém. Aguardo todo o partido a uma prova de profunda seriedade e humanidade e, com ele, forças de liberdade e de espírito humanitário que emergem com facilidade e concórdia em todo debate parlamentar sobre temas desse gênero. Não quero indicar ninguém em especial, mas dirigir-me a todos.

Contudo, é sobretudo à DC que se dirige o País para suas responsabilidades, pelo modo como sempre soube conciliar sabiamente razões de Estado e razões humanas e morais. Se fracassasse agora, seria a primeira vez. Ela seria abalroada pelo turbilhão e seria seu fim.

Que não aconteça, rogo-lhes, o terrível fato de uma decisão de morte tomada sob a diretriz de algum dirigente obcecado por problemas de segurança, como se não houvesse o exílio para satisfazê-los, sem que cada um tenha avaliado com toda a profundidade, tenha interrogado verdadeiramente e verdadeiramente concedido voz à sua consciência. Qualquer abertura, qualquer posição problemática, qualquer sinal de consciência imediata das dimensões do problema, com as horas que correm velozes, seriam extremamente importantes.

Digam prontamente que não aceitam dar uma resposta simples e imediata, uma resposta de morte. Dissipem prontamente a impressão de um partido unido para uma decisão de morte. Lembrem, e o lembrem todas as forças políticas, que a Constituição republicana, como primeiro sinal de novidade, aboliu a pena de morte. Assim, caros amigos, não fazendo nada para impedi-la, ela se reintroduziria, fazendo com sua energia, insensibilidade e respeito cego à razão de Estado com que ela esteja de novo, na prática, em nosso ordenamento. Eis que na Itália democrática de 1978, na Itália de Beccaria, como nos séculos passados, sou condenado à morte. Que a condenação seja executada, depende de vocês. Peço-lhes que pelo menos seja-me concedida a graça: seja-me concedida pelo menos, como você Zaccagnini sabe, por razões essenciais de minha família em ser cuidada, assistida, guiada.

Minha angústia neste momento seria deixá-la só — e não pode estar só — devido à incapacidade de meu partido em assumir suas responsabilidades, em realizar um ato de coragem e responsabilidade ao mesmo tempo.

Dirijo-me individualmente a cada um dos amigos que estão no vértice do partido e com os quais trabalhamos juntos por anos no interesse da DC. Pense nos sessenta dias cruciais de crise, vividos junto com Piccoli, Bartolomei, Galloni, Gaspari sob sua direção e com o contínuo conselho de Andreotti. Deus sabe como me empenhei para sair bem dela. Não pensei, como aliás nunca fiz, nem em minha segurança nem em meu descanso.

O Governo está de pé e este é o reconhecimento que me é tributado, por este e por tantos outros empreendimentos. Distante dos familiares sem despedidas, o fim solitário, sem o consolo de uma carícia, do prisioneiro político condenado à morte. Se vocês não intervierem, seria escrita uma página aterradora da história da Itália. Meu sangue recairia sobre vocês, sobre o partido, sobre o País.

Pensem bem, caros amigos. Sejam independentes. Não olhem para o amanhã, e sim para o depois de amanhã.

Pense principalmente você, Zaccagnini, maior responsável. Lembre nesse momento — deve ser um motivo pungente de reflexão para você — sua extraordinária insistência e a dos amigos a quem você encarregou de tal fim —, sua insistência em ter-me como presidente do Conselho Nacional, em ter-me como participante e corresponsável na fase nova que se abria e se esboçava dificílima. Lembre minha fortíssima resistência, principalmente pelas razões de família conhecidas por todos. Depois me curvei, como sempre, à vontade do partido. E eis-me aqui, a ponto de morrer, por lhe ter dito sim e ter dito sim à DC. Você tem, portanto, uma responsabilidade personalíssima. Seu sim ou seu não são decisivos. Mas saiba também que, se me afastar da família, você o quis duas vezes. Esse peso você não vai tirar de suas costas.

Que Deus o ilumine, caro Zaccagnini, e ilumine os amigos, aos quais dirijo uma desesperada mensagem. Não pense nos poucos casos em que seguimos reto em frente, mas nos

> muitos resolvidos segundo as regras de humanidade e, por isso, mesmo nas dificuldades da situação, de forma construtiva. Se a piedade prevalecer, o País não se acabou.

Nem todos os jornais publicam a carta. E a piedade, mesmo que agite alguma coisa, não prevalece.

A Democracia Cristã está, dizem os jornais, "dilacerada pela dúvida". A família Moro apresenta em público seu "firme" pedido para que o partido "declare sua disponibilidade em verificar quais são, concretamente, as condições para a libertação de seu presidente". O partido, dilacerado mais pela certeza de não dever fazer nada do que pela dúvida, não encontra nada melhor do que encarregar a Cáritas Internacional — uma instituição humanitária vaticana da qual pouquíssimos tinham até então ouvido falar — de "encontrar vias possíveis para levar os sequestradores do deputado Moro a devolvê-lo à liberdade". Vias impossíveis, na prática: como a Democracia Cristã faz questão de reafirmar "sua indefectível fidelidade ao Estado democrático, a suas instituições e a suas leis em solidariedade ativa com os partidos constitucionais". Mas, entre os partidos constitucionais, àquela altura o Partido Socialista rompe a solidariedade *inativa*: quer fazer algo para salvar a vida de Moro. Torna-se assim uma espécie de filho pródigo ou de ovelha negra.

Para atenuar a dilaceração da Democracia Cristã, Paulo VI intervém: algumas horas antes que expire o ultimato das Brigadas Vermelhas e com uma carta que a rádio vaticana divulga e os jornais reproduzem no dia seguinte. Carta que parece de elevado sentimento cristão: só que ali se oculta, na exortação aos homens das Brigadas Vermelhas a libertarem Moro "simplesmente, sem condições", uma espécie de confirmação — e caberia dizer *tout court* crisma — da Democracia Cristã naquela sua declarada "indefectível fidelidade ao Estado".

Na "prisão do povo", não escapa a Moro aquilo que não aparece para os italianos em geral, comovidos pela figura do papa se ajoelhando diante dos brigadistas: a saber, que Paulo VI tem mais "senso de Estado" do que demonstrara ter o príncipe Poniatowski, ministro do Interior do Estado francês, que em tempos não distantes declarara admissível o princípio de negociar com terroristas para evitar o sacrifício "da vida humana inocente". Vale dizer que ele pensava exatamente como Moro: não se pode dizer que o Estado francês não seja Estado; ele o é e, cabe dizer, com todos os sacramentos. Os sacramentos que tornam Estado um Estado; e talvez em abundância.

E Moro tentará convencer o papa: "Na prática, a troca beneficia (e é um ponto que humildemente me permito submeter ao S. Padre) não só quem está do outro lado, mas também quem corre o risco de ser morto, a parte não combatente, em essência o homem comum como eu". Numa das últimas cartas, de maneira menos humilde, fará notar que há na atitude da Santa Sé em relação a seu caso uma mudança das posições anteriores e uma negação de toda uma tradição humanitária. "É uma coisa horrível, indigna da S. Sé... não sei se Poletti [o cardeal Poletti] pode retificar essa enormidade que está em contradição com outros modos de se comportar da S. Sé": certamente ele pensa na ocasião em que o papa, alguns meses antes, se oferecera como refém aos terroristas alemães que ameaçavam chacinar os passageiros de um avião em Mogadício. Oferta que então pareceu despida de senso da realidade: mas vinha da única realidade que um papa pode reconhecer e celebrar, ao assistir inerme e como que derrotado ao borbulhar da violência.

Como era previsível, o apelo do papa passa em brancas nuvens; e a informação da Democracia Cristã de ter encarregado a Cáritas de procurar "vias possíveis" é considerada pelas Brigadas Vermelhas nada clara nem definitiva (comunicado nº 8 de 24 de abril). Mas o ultimato é suspenso. Evidentemente, o que detém as Brigadas Vermelhas na execução da sentença é a posição adotada pelo Partido Socialista Italiano. A essa altura, o governo poderia talvez — mesmo que num jogo inescrupuloso, num jogo cínico — fomentar a dissidência que está se incubando dentro das Brigadas Vermelhas: entre os que decidiram que Moro deve morrer e os que o libertariam em troca de um enfraquecimento mesmo que simbólico do Estado italiano. Não há — repito — nenhum sinal inequívoco de tal dissidência: contudo, é possível intuí-la, senti-la, vislumbrá-la. Talvez porque tento entendê-los também. Entender os "homens das Brigadas Vermelhas", como o papa os chama: embora não os amando como o papa diz amá-los. Entender, dentre eles, os que montam guarda a Moro e o processam: naquela difícil, terrível familiaridade cotidiana que inevitavelmente se estabelece. Na troca de palavras, coloquiais ou de acusações e desculpas. Na partilha das refeições. No sono do prisioneiro e na vigília do carcereiro. No atendimento à saúde do homem condenado à morte. Na leitura de suas mensagens e no risco que se corre a cada vez para enviá-las. Inúmeros pequenos gestos; inúmeras palavras que são ditas inadvertidamente, mas que provêm dos mais profundos movimentos da alma; um contato nos momentos mais desarmados; a imprevisível e súbita troca de um sorriso; os silêncios — são inúmeras as coisas, inúmeros os momentos que, dia após dia — mais de cinquenta —, podem aflorar e irmanar o carcereiro e o encarcerado, o carrasco e a vítima. E a tal ponto que o carrasco não pode mais ser carrasco.

Numa carta sua — a de 29 de abril —, Moro diz a certa altura: "A piedade de quem me trazia a carta [dos familiares, publicada por um jornal] excluiu os paratextos que citavam minha condenação [da parte da Democracia Cristã: em não querer negociar]". E eu diria que é o momento mais elevado, mais cristãmente elevado, a que chegou a tragédia.

Com o comunicado nº 8, as Brigadas Vermelhas ditam as condições para a restituição de Moro. Querem a libertação de treze pessoas: um sortimento de brigadistas, protobrigadistas e neobrigadistas. O sortimento é provocador: os protobrigadistas, embora na ocasião do julgamento tivessem invocado razões de palingênese social e política, foram considerados de delinquência não sofisticada pela opinião geral; e Cristoforo Piancone — o único para o qual se apresentam justificativas ao pedido de sua libertação: assim sendo, talvez, o que tem menos tempo de militância — faz apenas duas semanas que, depois de ter matado com outros o guarda carcerário Cotugno, está na prisão. Assim, o crime é recente demais para que o pedido não pareça provocador. Quanto a Curcio e os outros autênticos brigadistas, estavam sob processo em Turim, ainda em curso. E teria sido melhor não o instaurar, melhor adiá-lo para uma época mais conveniente: mas, uma vez em andamento, a libertação deles antes ou imediatamente depois da sentença iria tornar a questão ainda mais grotesca.

Mas, afora o evidente caráter provocador do sortimento dos nomes, cabe perguntar por que justamente treze. As Brigadas Vermelhas decerto não são supersticiosas: mas sabem muito bem que os italianos são. Não haverá nessa escolha de treze nomes uma oculta e macabra zombaria: uma forma de dizer que sabem que as negociações não chegarão a seu termo e que o infortúnio de Moro já está marcado?

Faz-se ainda mais viva a impressão de que se abriu nas Brigadas Vermelhas aquela dicotomia antes mencionada. Entre esse comunicado e as cartas de Moro — o qual indubitavelmente leva em conta o ponto de vista dos brigadistas que estão em seu redor — há uma diferença. Os brigadistas que conversam com Moro parecem pensar em *salvar as aparências*; além disso, entregariam um Moro, como se diz na linguagem mafiosa, já "morto no coração dos amigos"; politicamente morto, como fora melancolicamente saudado por Montanelli e proclamado pelo deputado Trombadori. Os brigadistas que emitem os comunicados, por outro lado, parecem visar a um endurecimento governamental, um "não" cabal e definitivo que lhes permita executar a sentença.

Já em 19 de abril, o jornal *Lotta continua*, da esquerda à esquerda do Partido Comunista, publicara um apelo pela libertação de Moro, trazendo, além das assinaturas dos expoentes da esquerda mais à esquerda (e também de Dario Fo), as de bispos, intelectuais laicos e católicos (entre eles Raniero La Valle, católico eleito senador nas listas do Partido Comunista) e até de dois comunistas de prestígio como Umberto Terracini e Lucio Lombardo Radice. Mas as Brigadas Vermelhas o incluem no conjunto dos apelos dirigidos a eles por "algumas personalidades do mundo burguês" e por "algumas autoridades religiosas" (dentre as quais estaria o papa): e convidam os signatários a dirigirem um apelo análogo à Democracia Cristã e a seu governo pela libertação dos treze brigadistas. Convite que, dirigido ao papa e aos bispos, é muito cabível: afinal, como já se notou, aquilo que no apelo do papa é um ponto positivo, isto é, um ponto negativo, é pedir às Brigadas Vermelhas uma conversão (o papa no papel de são Francisco, as Brigadas Vermelhas no do lobo de Gubbio[8]) sem, por outro lado, pedir aos governantes católicos que lembrem que a salvação da vida humana inocente (e tal é, para o papa, a vida de Moro: "homem bom e honesto, que ninguém pode culpar de qualquer crime,

8 Lobo que teria aterrorizado a cidade de Gubbio, na Úmbria, até ser domesticado por São Francisco de Assis agindo em nome de Deus [N.E.]

ou acusar de pouco senso social e de falho serviço à justiça e à convivência pacífica") é um princípio superior a qualquer outro. Para os representantes da Igreja de Cristo, para aquele que é seu sumo representante, não deveria existir senão aquilo que o conde Attilio chama de *suposição impossível*, isto é, o "frágil parecer" do padre Cristóforo: "Meu frágil parecer seria que não houvesse nem desafios, nem portadores, nem bordoadas" (*Os noivos*, capítulo v).

O convite, porém, não é igualmente cabível em relação à *Lotta continua* e a outros, da esquerda mais à esquerda, que assinaram o apelo: os quais têm, em certo sentido, o direito de avisar as Brigadas Vermelhas, encerradas em sua mônada de loucura ideológico-judiciária, sobre o nefasto erro em que estão caindo e que o Estado — naqueles sobressaltos de reação que nascem da impotência e se seguem às derrotas — a certo ponto poderia facilmente cobrar seu preço a eles: isto é, àquela parte da esquerda mais explicitamente próxima, na teoria, às posições das Brigadas Vermelhas.

No mesmo dia, 24 de abril, quando chega a muitos jornais o comunicado nº 8, ao jornal *Vita* (católico) chega outra carta de Moro a Zaccagnini. Nela são reafirmadas de modo mais dramático as coisas já ditas nas cartas anteriores e que — essas sim "indefectivelmente" — correspondem ao que Moro sempre pensou: o governo como emanação da Democracia Cristã; a salvação da vida humana inocente como prescrita por um código superior e não passível de eliminação; a "nenhuma razão política e moral" para que tal código não seja aplicado também a seu caso. Moro mais uma vez assume o ponto de vista do militante democrata-cristão de base. Acostumado a estar a par das dissidências, políticas e pessoais, que se dão no partido, dessa vez o democrata-cristão nada sabe sobre o que se passa no partido, as discussões e os embates que devem mesmo ocorrer num caso tão grave. "Agora, sobre esse episódio, o maior e mais carregado de consequências que em anos atingiu a DC, não sabemos nada ou quase nada. Não conhecemos a posição do secretário nem a do presidente do Conselho: vagas indiscrições do deputado Bodrato com toques de genérico caráter humanitário..." Moro capta com precisão: naquele momento começa a circular uma inquietação, um desconforto, um sentimento de culpa não apenas entre os democratas-cristãos de base, mas também entre os ocupantes de cargos importantes no partido, mesmo que estejam excluídos daquela instância restrita onde amadurecem as indecisões-decisões sobre o *affaire*.

Contudo, embora ainda discuta o problema e insista em uma solução, Moro já tem certeza de que não se fará nada para salvá-lo. Mais como advertência e previsão do que como ameaça, ele escreve: "Não acredite a DC que encerrou seu problema liquidando Moro. Continuarei a existir como um irredutível ponto de contestação e alternativa para impedir que se faça da DC aquilo que se faz hoje". E conclui: "Por essa razão, por uma evidente incompatibilidade, peço que não participem de meus funerais nem autoridades do Estado nem homens de partido. Peço que me sigam os poucos que realmente me quiseram bem e são dignos, por isso, de me acompanhar com sua oração e com seu amor".

*Il popolo*, jornal da Democracia Cristã, publica a carta de Moro "por dever de informação" e "por um respeito inabalável" ao Moro de antes. Ao Moro de hoje, o jornal encontra atenuantes para as culpas de desamor ao Estado e reprimendas ao partido pelo fato de ser mantido na "mais profunda escuridão" e em condições de "grave coerção".

É 25 de abril: dia em que se celebra a libertação do nazifascismo. A maré da retórica aumenta. A Resistência ao nazifascismo, valor tão inabalável quanto o respeito da Democracia Cristã por Aldo Moro, é invocada e transposta como resistência às negociações para salvar a vida de Moro. O problema é que aquela Resistência é um valor inabalável também para as Brigadas Vermelhas: acreditam ser filhas dela, acreditam continuá-la ou repeti-la. Ninguém lhes explicou que não se tratava de uma revolução deixada pelo meio e com a possibilidade de reacendê-la no momento mais conveniente, mas, pelo contrário, de um retorno: um retorno à Itália pré-fascista — e com o paradoxo da continuidade jurídica com a Itália fascista — em que, de algum modo, às apalpadelas, por improvisação, se levariam em conta ideias, fatos, coisas novas e melhores que, enquanto isso, corriam pelo mundo.

Na sede central da Democracia Cristã, na Piazza del Gesù em Roma, distribui-se aos jornalistas um documento que já qualifiquei, como me pareceu e continua a me parecer, de monstruoso. Cerca de cinquenta pessoas, "amigos de velha data" do deputado Moro, asseguram solenemente que o homem que escreve as cartas a Zaccagnini, que pede para ser libertado da "prisão do povo" e argumenta sobre os meios de fazê-lo, não é o mesmo homem de quem foram amigos por muito tempo, de quem, por "afinidade e formação cultural, de espiritualidade cristã e de visão política", foram próximos. "Não é o homem que conhecemos, com sua visão espiritual, política e jurídica que inspirou a contribuição para a redação da própria Constituição republicana."

Sabe-se como se dá a coleta de adesões a manifestos e declarações de protesto civil na Itália, em especial entre os intelectuais: quase sempre por telefone, informando sumariamente o conteúdo. E de maneira distraída, confiando na afinidade de ideias ou de opiniões com quem a pede, dá-se a adesão: como que para se desvencilhar de um incômodo que se repete com frequência. Assim, é possível que alguém igualmente distraído tenha aderido a essa declaração sobre Moro, para dizê-lo de modo pirandelliano, "um e dois".[9] Mas não era o caso. Não se tratava de um protesto civil, e sim de uma ordem de protesto não civilizado. Ordem de protesto, não protesto. Protesta-se contra Moro a promissória do que se acreditava que ele fosse. Ou melhor: do que se queria que ele fosse.

Dentre os signatários da ordem de protesto, surpreende a presença de um filólogo ilustre e de um não menos ilustre exegeta de santo Agostinho e, além do mais, cardeal. Como o filólogo consegue não perceber que o Moro que escreve da "prisão do povo" é integral e lucidamente o mesmo Moro que escreveu sobre a *antijuricidade no direito penal*, que em 1945 escreveu os artigos reeditados pela revista *Studium* (número de março-abril de 1978), que menos de dois meses antes proferiu no Parlamento aquele discurso em defesa do senador Gui? E como consegue o exegeta de Agostinho não saber como é difícil, até impossível, conhecer um homem; como é arrogante — sem amor, sem caridade — querer apor certificação e

9 Referência à novela de Luigi Pirandello, *Stefano Giogli, uno e due*, de 1909. [N.T.]

juízo àquilo que era e àquilo que não é mais, a como era e como não é? "Considero justíssima aquela lei da amizade segundo a qual não se deve amar o amigo nem mais nem menos do que amamos a nós mesmos. Ora, se eu também sou desconhecido a mim mesmo, não sou realmente injusto com ele dizendo que ele me é desconhecido; tanto mais que, como creio, nem ele conhece a si mesmo." Ou, indo além da lei que Agostinho aceita, o cardeal amou Moro mais do que a si mesmo e, portanto, conheceu o Moro de antes mais do que a si mesmo?

Não o conheceu de forma alguma. E, o que é pior, agora se recusa a sequer chegar perto de conhecê-lo: agora que, mais do que nunca, deveria conhecê-lo, reconhecê-lo, não abandoná-lo, não deixá-lo como "homem sozinho" diante da morte, da terrível morte que lhe vem de outros homens. "O bispo", escreveu o cardeal de Agostinho, "quer apresentar a verdade dentro de seu coração: diante de Deus em sua confissão e em seu escrito diante de muitas testemunhas." Nesse escrito, que por tê-lo assinado é também seu, nesse desconhecimento do homem fechado na "prisão do povo", o cardeal-arcebispo, o exegeta de Agostinho, terá realmente acreditado que apresentava diante de muitas testemunhas, e diante da maior testemunha que era Moro, a verdade de seu coração? É uma pergunta que me espanta, que me faz perder o caminho: eu que não sou do rebanho daquele pastor. E qual terá sido o espanto e a confusão de Moro?

Diz: "não o acreditaria possível". Na carta que chega a um jornal romano na noite de 27 de abril e que vale a pena reler integralmente.

> Depois de minha carta surgida em resposta a algumas posições ambíguas, incoerentes, mas essencialmente negativas da DC sobre meu caso, não aconteceu nada. Não que não houvesse matéria a ser discutida. Havia, e muita. Porém faltava ao par-

tido, a seu secretário, a seus expoentes a coragem civil de abrir um debate sobre o tema proposto, que é o da salvação de minha vida e das condições para realizá-la dentro de um quadro equilibrado. É verdade: sou prisioneiro e não estou de ânimo alegre. Mas não sofri nenhuma coerção, não estou drogado, escrevo com meu estilo, por mais feio que seja, tenho minha caligrafia habitual. Mas sou, diz-se, *um outro* e não mereço ser levado a sério. Assim, a meus argumentos nem se responde. E se faço o honesto pedido para que a direção ou outro órgão constitucional do partido se reúna, porque estão em jogo a vida de um homem e a sorte de sua família, em vez disso continua-se em degradantes conciliábulos, que significam medo do debate, medo da verdade, medo de assinar com o próprio nome uma condenação à morte.

E devo dizer que me entristeceu profundamente o fato (não o acreditaria possível) de que alguns amigos, desde o mons. Zama ao adv. Veronese, a G. B. Scaglia e outros, sem conhecer nem imaginar meu sofrimento, não desvinculado da lucidez e liberdade de espírito, tenham duvidado da autenticidade daquilo que eu estava sustentando, como se escrevesse sob ditado das Brigadas Vermelhas. Por que esse aval à minha pretensa não autenticidade? Mas entre as Brigadas Vermelhas e mim não há a mínima comunhão de visões. E com certeza não se configura como identidade de visões a circunstância de que eu tenha sustentado desde o início (e, como demonstrei, muitos anos atrás) que considerava aceitável, como ocorre na guerra, uma troca de prisioneiros políticos. E tanto mais que, não havendo troca, um continua em grave sofrimento, mas vivo, e o outro é morto. Na prática, a troca beneficia (e é um ponto que com humildade me permito submeter ao S. Padre) não só quem está do outro lado, mas também quem corre o risco de ser morto, o lado não combatente, essencialmente o homem comum como eu.

Disso se pode deduzir que o Estado cairá em ruínas se, por uma vez, um inocente sobrevive e, em compensação, outra pessoa, em lugar da prisão, vai para o exílio? É disso que se trata. Nessa posição, que condena à morte todos os prisioneiros das Brigadas Vermelhas (e é previsível que os haja), encastela-se o governo, encastela-se obstinadamente a DC, encastelam-se os partidos em geral, com alguma reserva do Partido Socialista, reserva esta que é desejável ser esclarecida com urgência e positivamente, visto que não há tempo a perder. Numa situação desse tipo, os socialistas poderiam ter função decisiva. Mas quando? Uma desgraça, caro Craxi, se uma iniciativa sua fracassasse. Gostaria agora de voltar um momento atrás com esse raciocínio que se desenrola como se desenrolavam meus raciocínios de outrora. É preciso mesmo voltar a dizer para esses obstinados imobilistas da DC que, no passado, em inúmeros casos foram feitas trocas, em toda parte, para salvaguardar reféns, para salvar vítimas inocentes. Mas é hora de acrescentar que, sem que a DC pelo menos ignorasse, concedeu-se a liberdade (com a expatriação) a palestinos numa quantidade razoável de casos, a fim de deter a grave ameaça de retaliações e represálias capazes de trazer dano relevante à comunidade. E, note-se, eram ameaças sérias, temíveis, mas não com o grau de imanência das que hoje nos ocupam. Mas então o princípio fora aceito. A necessidade de abrir uma brecha na regra da legalidade formal (em troca havia o exílio) fora reconhecida. Há testemunhos irrepreensíveis que permitiriam dizer uma palavra esclarecedora. E fique bem claro que, procedendo desse modo, como a necessidade comportava, certamente não se pretendia faltar com a consideração pelos países amigos interessados, os quais, de fato, continuaram sempre em suas relações amistosas e confiantes.

Todas essas coisas, onde e por quem foram ditas no seio da DC? É na DC que não se enfrentam os problemas com coragem.

E, no caso que me diz respeito, é minha condenação à morte, essencialmente endossada pela DC, a qual, encastelada em seus discutíveis princípios, nada faz para evitar que um homem, quem quer que seja, mas mesmo um expoente seu de prestígio, um militante fiel, seja levado à morte. Um homem que havia encerrado sua carreira com a sincera renúncia a presidir ao governo, e foi literalmente arrancado por Zaccagnini (e por seus amigos tão habilmente calculistas) de seu lugar de pura reflexão e estudo, para assumir o equívoco manto de presidente do partido, para o qual não existia um gabinete adequado no contexto da Piazza del Gesù. São várias vezes que peço a Zaccagnini para se pôr idealmente no lugar que ele me obrigou a ocupar. Mas ele se limita a dar garantias ao presidente do Conselho de que tudo será feito como ele deseja.

E o que dizer do deputado Piccoli, o qual declarou, segundo o que leio em algum lugar, que, se eu estivesse no lugar dele (por assim dizer livre, confortável, na Piazza, por exemplo, del Gesù), diria as coisas que ele diz e não as que digo estando aqui. Se a situação não fosse (e me limito a dizer) tão difícil, tão dramática como é esta, gostaria mesmo de ver o que o deputado Piccoli diria em meu lugar. De minha parte, eu disse e documentei que as coisas que digo hoje já disse no passado em condições totalmente objetivas. É possível que não se faça uma reunião estatutária e formal, qualquer que seja o desfecho? Será possível que não haja corajosos que a peçam, como eu a peço com plena lucidez mental? Centenas de parlamentares queriam votar contra o Governo. E agora ninguém tem um problema de consciência? E isso com a cômoda desculpa de que sou um prisioneiro.

Lamentam-se os campos de concentração, mas como se trata civilizadamente um prisioneiro, que tem apenas um vínculo externo, mas o intelecto lúcido? Pergunto a Craxi se isso é correto. Pergunto a meu partido, aos tantos fidelíssimos das horas alegres, se isso é admissível. Se não se quiserem fazer outras reuniões formais, pois bem, tenho o poder de convocar para data conveniente e urgente o Conselho Nacional, tendo como objeto o tema sobre as maneiras de remover os impedimentos de seu presidente. Assim estabelecendo, delego a presidência ao deputado Riccardo Misasi.

Sabe-se que os gravíssimos problemas de minha família são a razão fundamental de minha luta contra a morte. Em tantos anos e em tantos acontecimentos, os desejos cessaram e o espírito se purificou. E, mesmo com minhas inúmeras culpas, creio ter vivido com generosidades ocultas e intenções delicadas. Morro, se assim decidir meu partido, na plenitude de minha fé cristã e no amor imenso por uma família exemplar que adoro e espero velar do alto dos céus. Ainda ontem li a carinhosa carta de amor de minha mulher, de meus filhos, do amadíssimo netinho, do outro que não verei. A piedade de quem me trazia a carta excluiu os paratextos que citavam minha condenação, se não ocorrer o milagre do retorno da DC a si mesma e à sua tomada de responsabilidade. Mas esse banho de sangue não acabará bem para Zaccagnini, nem para Andreotti, nem para a DC, nem para o país: cada um carregará sua responsabilidade.

Não desejo, repito, os homens do poder a meu redor. Quero perto de mim os que realmente me amaram e continuarão a me amar e rezar por mim. Se tudo isso está decidido, seja feita a vontade de Deus. Mas nenhum responsável se esconda por trás do cumprimento de um pretenso dever. As coisas ficarão claras, ficarão claras logo.

Há nessa carta muitas coisas a assinalar, e sobre as quais refletir. E a decifrar. Por ora, esta frase: "não havendo troca, alguém continua em grave sofrimento, mas vivo, e o outro é morto". *Alguém*: "pronome indicando qualidade, aplica-se bem quando se trata de concentrar a atenção na qualidade de uma ou mais pessoas, mas normalmente não muitas". (Ainda o Tommaseo:

estou escrevendo essas páginas sobre o caso Moro entre uma enxurrada de recortes de jornal e com o dicionário Tommaseo sólido no meio, como um quebra-mar). De maneira inquestionável, Moro quer chamar a atenção dos destinatários da carta, e que se detenham sobre a qualidade de uma ou mais pessoas que o Estado deveria ceder: e que, portanto, é possível negociar o número, isto é, ficar abaixo dos treze cuja libertação foi pedida pelas Brigadas. E reitera: "O Estado cairá em ruínas se, por uma vez, um inocente sobrevive e, em compensação, outra pessoa, em lugar da prisão, vai para o exílio?". O *alguém* se tornou um *alguém*: não há dúvida. E ainda mais, como que dizendo: *uma só pessoa, entenderam bem*, acrescenta: "É disso que se trata". E parece também ser possível interpretar que essa "outra pessoa" ainda não está na prisão, mas deveria ir.

As Brigadas Vermelhas, portanto, ou pelo menos a célula que o mantém no cativeiro, escolheram-no como mediador de uma possível negociação e lhe confiaram o preço final — simbólico ou, para eles, efetivamente importante — que querem que o Estado pague. Moro faz a esse respeito uma *avance* bastante explícita: mas não foi entendida por quem deveria entendê-la. Agora é o 31 e 47 que, na cabala siciliana do jogo de loto, corresponde ao "morto que fala". Que fala nos sonhos ou nos pesadelos dos "amigos". Que continuará a falar.

Caberia assinalar muitas outras coisas: desde a advertência a Craxi e aos socialistas, à qual se pode conferir um sentido que vai além da iniciativa de lhe salvar a vida, àquela retomada do nome de Misasi para lhe delegar a presidência do Conselho Nacional da Democracia Cristã: nome que as crônicas até então nunca haviam citado como alguém que, nas reuniões secretas do partido, tivesse se manifestado propenso à negociação: a não ser que tenha sido uma intuição quase divinatória, alguém deve tê-lo mencionado a Moro. Hipótese inquietante: isto é, deixá-la, como Moro a deixou, para a inquietação dos "amigos".

E há, por fim, aquele "leio em algum lugar", a ser visto como elemento comprovador daquilo que chamei de ética carcerária das Brigadas Vermelhas: davam-lhe o jornal, e talvez mais de um, para ler. Ou lhe prestavam uma espécie de serviço de imprensa, recortando para ele, com critérios variáveis, aquilo que consideravam que ele deveria saber. Mas o fato é que estava informado; e, ao dizer que o fato de lhe ser entregue, do jornal *Il Giorno* de 26 de abril, apenas a carta dos filhos, recortada para excluir "os paratextos que citavam [sua] condenação", foi ditado pela piedade, pode também significar que até aquele momento ele recebia os jornais completos.

E então, por fim, há a palavra que escreve pela primeira vez em sua mais atroz nudez; a palavra que finalmente se revelou a ele em seu verdadeiro, profundo e pútrido significado: a palavra "poder". "Não desejo, repito, os homens do poder a meu redor." Mas, na carta anterior, ele falara de "autoridades do Estado" e "homens de partido": apenas agora chegou à denominação correta, à assustadora palavra.

Ele tinha vivido para o poder e do poder até as nove da manhã daquele 16 de março. Esperava ainda tê-lo: talvez para voltar e assumi-lo de forma plena, certamente para evitar enfrentar *aquela* morte. Mas agora sabe que são os outros que o têm: reconhece nos outros a face feia, obtusa, feroz do poder. Nos "amigos", nos "fidelíssimos das horas alegres": das macabras, obscenas horas alegres do poder.

"As horas alegres", as horas alegres do poder. Com ironia. Uma ironia que vem de longe: e agora amarga, dolorosa.

Não parece jamais ter tido a alegria do poder. Amou-o, mas também o sofreu. Ser o melhor entre os *outros* e ter de desprezá-los talvez lhe desse a medida cristã de sua própria miséria. E era essa a diferença entre ele e os *outros*, e a razão pela qual foi, entre os *outros* — e num certo sentido pelos *outros* —, escolhido para a morte.

Em sua história já como que escrita, em sua história já obra literária (e aqui tenta-se apenas interpretar), encontram-se desde antes os sinais premonitórios. Folheie-se o *Moro* de Corrado Pizzinelli, publicado em 1969: uma biografia escrita para uma coleção que se intitula "Gente famosa", sobre a notícia e como notícia. Há pontos em que o jornalista parece se deter como se fossem presságios: e imaginemos hoje o leitor, depois da tragédia. Eis como discorre sobre Moro como ministro da Justiça: "Como ministro da Justiça, põe em excepcional relevo todos os seus defeitos. É detalhista, minucioso, lento e meticuloso ao excesso... No entanto, a que dedica sua maior atenção? Surpresa. Às prisões e aos prisioneiros, a quem faz longas, longuíssimas visitas... Suas explorações nesse subterrâneo da vida social italiana são contínuas e minuciosas. Tem-se vontade de perguntar a um psicanalista quais poderiam ser as motivações secretas da curiosa propensão pelas cadeias e pelos detentos por parte de um homem como ele, a quem, não esqueçamos, tanto agradam as gravatas e os nós das gravatas". E não é inquietante que o jornalista tenha associado as inspeções nas prisões às gravatas e aos nós das gravatas — isto é, ao enforcamento? E, falando do período em que foi presidente dos governos de centro-esquerda: "Iniciando-se com a morte de Kennedy", esse período efetivamente se encerra em 6 de junho de 1968, com a notícia do assassinato do outro Kennedy. "Destino curioso: é no arco entre essas duas trágicas mortes que Moro esteve no governo". E ainda: "Uma palavra, fatalidade, reaparece com frequência em seus discursos...".

Mas, deixando as coincidências e voltando aos fatos que as contêm: depois da carta de Moro de 27 de abril — a última dirigida à Democracia Cristã e ao mundo político italiano: a não ser que haja outras mantidas secretas —, a família confia aos jornais um duro comunicado:

> A família de Aldo Moro, depois de muitos dias de espera angustiante, dirige um veemente apelo à DC para que assuma com coragem suas responsabilidades para a libertação de seu presidente. A família considera que a atitude da DC é totalmente insuficiente para salvar a vida de Aldo Moro.
>
> Saiba a delegação democrata-cristã, saibam os deputados Zaccagnini, Piccoli, Bartolomei, Galloni e Gaspari que, com seu comportamento de imobilidade e de recusa de qualquer iniciativa proveniente de diversas partes, ratificam a condenação de Aldo Moro à morte. Se esses cinco homens não querem assumir a responsabilidade de se declarar disponíveis à negociação, convoquem pelo menos o Conselho Nacional da DC, como formalmente requerido por seu presidente.
>
> Nossa consciência não pode mais se calar perante a atitude da DC. Acreditamos, com esse apelo, interpretar também a vontade de nosso ente querido. Ele não consegue expressá-la de modo direto sem ser declarado essencialmente louco pela quase totalidade do mundo político italiano e, em primeira linha, pela DC e por seus grupos paralelos de autodenominados "amigos" e "conhecidos" de Aldo Moro.

> Para evitar uma longa temporada de dor e de morte, não adianta negar a dura realidade; o que é preciso é enfrentá-la com lúcida coragem.

O governo responde dois dias depois com uma nota, dizem os jornais, "escrita por Andreotti de próprio punho". E isso também caberia levar à atenção do psicanalista: o fato de que os jornalistas se importem com o detalhe de que Andreotti escreve "de próprio punho" o comunicado do governo. É uma imagem: a de um homem que escreve uma sentença. É talvez a partir desse enfoque sobre um detalhe físico que se inicia o processo inconsciente de desresponsabilização que, mais cedo ou mais tarde, acabará por explodir (e, se for cedo, assinalará primariamente o fim do governo Andreotti).

A nota do governo diz:

> O convite ao governo dirigido pela DC para aprofundar o conteúdo da solução humanitária sugerida pelo PSI terá continuidade numa reunião do Comitê interministerial de segurança que será realizada nos próximos dias. Porém, observa-se desde já que é conhecida a linha do governo de não conjecturar sequer a mínima derrogação das leis do Estado e de não esquecer o dever moral do respeito pela dor das famílias que pranteiam as trágicas consequências da ação criminosa dos subversivos.

Se foi realmente essa nota que Andreotti escreveu, e de próprio punho, ele empregou mais a linguagem de Moro do que a sua. Geralmente ele é mais claro, mais banalmente claro. Que coincidência reconheceremos mais tarde nesse fato? Traduzindo, então: "A Democracia Cristã pede ao governo democrata-cristão que sossegue o Partido Socialista, em cujo sossego se funda o sossego do governo, mostrando certa consideração por uma solução humanitária do caso Moro. O governo entende e entra no jogo: haverá uma reunião restrita de ministros absolutamente inútil, pois o governo já decidiu não negociar de forma alguma com as Brigadas Vermelhas, pelo respeito que se deve às famílias cujos entes queridos foram mortos pelos brigadistas".

Moravia tem razão: na Itália, a família explica tudo, justifica tudo, é tudo. Como dizia Lincoln para a democracia: da família, pela família, para a família. E assim, para prevalecer sobre as razões da família Moro, para aniquilá-las — pois, enquanto família, razões ela tem —, nada melhor do que lhe servir um certo número de famílias já enlutadas, quando menos as cinco daqueles que faziam a escolta do deputado Moro. Assim, outra tradução mais livre e mais realista da nota seria: "O governo, de outra maneira impotente, pode mostrar sua força e de certo modo atenuar as críticas e os ressentimentos contra sua impotência somente se deixar que as Brigadas Vermelhas prossigam com a solução igualitária do caso Moro. Se então o Inominado que as comanda for, pelas orações do Santo Padre, tocado pela Graça como o Inominado de Manzoni, o governo só poderá se dizer feliz pela restituição do deputado Moro à família".

Em 1º de maio os jornais publicam a notícia de que outras cartas de Moro chegaram ao presidente da República Leone, ao presidente do Senado Fanfani, ao presidente da Câmara dos Deputados Ingrao, ao presidente do Conselho Andreotti, ao presidente do grupo parlamentar democrata-cristão Piccoli (hoje presidente da Democracia Cristã: o cargo que foi de Moro). E tem-se a impressão de que Moro, ao se dirigir a tantos presidentes, a tantos homens que estão no topo do poder, quis como que concluir sua tarefa, seu dever: em relação a si mesmo, em relação à "família", e agora com pouca esperança.

Enviou também uma carta a Misasi e uma a Craxi, secretário do Partido Socialista.

Dessas sete cartas, conhecem-se apenas duas: a enviada a Craxi, tornada pública pelo destinatário, e a enviada a Leone, recebida, ao que parece, por uma agência de notícias.

Tem agora tão pouca esperança, sabe tão bem que lhe resta — como diz a Craxi — "um fôlego mínimo", que a certa altura, na breve e cerimoniosa carta a Leone, deixa-se levar pela ironia (mas talvez haja ironia também no tom cerimonioso): "As muitas formas de solidariedade experimentadas o encaminham para o rumo certo". Entre as formas de solidariedade experimentadas por Leone, havia aquela que, vindo a lhe faltar dois meses depois, iria obrigá-lo à renúncia. E talvez seja sobretudo a ela que Moro se refere: a do Partido Comunista.

Em 5 de maio chega à imprensa o comunicado nº 9 das Brigadas Vermelhas. Além das habituais acusações ao SIM, à DC, aos assassinos "chefiados por Andreotti", a Berlinguer e aos berlinguerianos, traz uma polêmica excessiva, se não até gratuita, contra Craxi e o Partido Socialista. E vem a suspeita de que a "central" tenha sentido necessidade de mover essa polêmica *para uso interno*, digamos, contra a "periferia": em suma, como advertência e reprimenda àqueles que gostariam de continuar as negociações "abaixo dos treze": isto é, pedindo ao Estado italiano um preço menos mortificante do que a libertação dos treze brigadistas. E, a partir dessa suspeita, é possível também derivar uma outra: a de que as Brigadas Vermelhas tendiam a desqualificar eleitoralmente — nas eleições parciais que ocorreriam dali a uma semana — o Partido Socialista: desqualificação que, por sua vez, aqueles jornais que as Brigadas Vermelhas chamam "do regime" veiculavam alegremente (manchetes: "Craxi passou para a outra barricada"; "Os socialistas estão isolados"; "Craxi insiste, mas encontra muitas resistências"; "A iniciativa de Craxi se esvazia"; "Craxi obrigado a recuar para a linha da DC"). E é uma suspeita sobre a qual valeria a pena se deter e refletir.

No fim do comunicado, o anúncio terrível: "Concluímos, portanto, a batalha iniciada em 16 de março, executando a sentença a que Aldo Moro foi condenado".

"Executando": gerúndio presente do verbo executar. Um presente *dilatável*. E prefere-se dilatá-lo para o futuro, para a esperança. "Toda a nossa atenção", declara o diretor do jornal democrata-cristão *Il popolo*, "está concentrada no gerúndio". É de se duvidar que uma concentração no gerúndio tenha algum dia servido ou possa servir para salvar uma vida: mas agora estamos no surreal. Cheio de esperança, o gerúndio sobe como um balãozinho de hidrogênio: flutuando entre as direções dos partidos, das redações dos jornais, da rádio, da televisão, das conversas das pessoas. Não o gerúndio presente do verbo executar, mas a palavra gerúndio. Um bom terço da população italiana se pergunta o que é esse gerúndio no qual se confia para salvar a vida de Moro. Será sinônimo de intermediário? Será um ente de autoridade moral superior à do papa? Será um corpo de polícia especial, altamente treinado e equipado para ações de extremo risco e de extrema precisão? Será o nome de uma pessoa que tem algum poder sobre as Brigadas Vermelhas?

A vida e a morte de Aldo Moro — a vida ou a morte — perdem realidade: estão presentes apenas num gerúndio, são apenas um gerúndio presente.

Há um *postscriptum* ao comunicado nº 9 das Brigadas Vermelhas (aquele do gerúndio):

> Os resultados do interrogatório de Aldo Moro e as informações que temos, e um balanço geral político-militar da batalha que se encerra, serão fornecidos ao Movimento Revolucionário e às o.c.c. [Organizações Comunistas Combatentes] por meio dos instrumentos clandestinos de propaganda.

É a confissão de uma derrota.

Já antecipada pelo comunicado nº 6, essa decisão de destinar os "resultados" do julgamento de Moro apenas à divulgação clandestina assume, no comunicado que dá por certa a execução da sentença, um senso da mais evidente e sinistra mentira: para ocultar, justamente, a derrota. No comunicado nº 3 haviam dito: "como não se deve ocultar nada ao povo, e este é nosso costume"; haviam-no reafirmado, em maiúsculas, no comunicado nº 5; no nº 6, mesmo já tendo escolhido a divulgação clandestina, vagamente prometiam: "tudo será revelado ao povo". Mas no nº 9 essa promessa parece totalmente esquecida. Há ou não há "resultados do interrogatório a Aldo Moro"? E, pergunta ainda mais grave, há ainda o povo ao qual "não se deve ocultar nada"?

Talvez se possa responder com um não às duas perguntas. O interrogatório a Moro não lhes deixou nada nas mãos capaz de estourar como uma revelação, de servir como acusação; e é óbvio que a decisão de matá-lo age neles, inconscientemente, para aumentar o senso e o sentimento de uma separação, de um isolamento, de um fechamento sempre mais cerrado naquela mônada que agora só tem subterrâneos, passagens secretas — passagens que, no momento conveniente, e não por eles, serão fechadas.

Pense-se com que exultação divulgaram a carta de Moro contra Taviani e com que imaginável satisfação devem ter constatado seu efeito — de temor, de desorientação — na área do poder democrata-cristão. E com que deleite saborearam, no comunicado nº 7, a frase de Moro sobre Andreotti: "no caso que lhe diz respeito, vê como seu compadre Andreotti em especial procurará com todos os meios transformá-lo num 'bom negócio' (como o define Moro), como sempre fez em toda a sua carreira...". Então, será possível que, tendo em mãos outras revelações, outros juízos de Moro, renunciem a divulgá-los? E por qual cálculo?

O fato é que, dentro dessa Democracia Cristã que diz que ele mudou, diz que o desconhece, que o nega; dentro desse partido momentaneamente desnaturado por sugestões externas ("alguém rancorosamente lhes sugere"), Moro vê uma Democracia Cristã que é a sua: invertebrada, disponível, maleável e ao mesmo tempo tenaz, paciente, atraente; uma espécie de polvo que sabe abraçar com suavidade a dissidência para restituí-la, mutilada, como consenso. Uma Democracia Cristã que vem de longe e que vai longe: tal como de longe vem e tal como longe ainda irá o catolicismo italiano, aquele catolicismo consubstanciado no modo de ser dos italianos. E continua a dizer "meu partido" mesmo no momento em que ele menos o reconhece, isto é, no momento em que se sente condenado pelo partido — mais do que pelas Brigadas Vermelhas — à morte: "Morro, se assim decidir meu partido...". Para além de Zaccagnini, de Andreotti, de Piccoli, permanece esse seu partido — "fundamento insubstituível" do governo — que não tardará a se arrepender, a reencontrar a razão de ser e perdurar, e no qual o caso Moro se tornará "um irredutível ponto de contestação e de alternativa".

Com certeza há nas cartas que conhecemos — e haverá ainda mais naquelas que não conhecemos — incoerências, contradições (e também descuidos e erros); mas é totalmente normal que existam, se ao menos tentarmos imaginar a condição em que ele se afundou de repente — do vértice do poder à mais absoluta impotência: como em *A vida é sonho* de Calderón — e tudo o que sofria "na prisão do povo" por parte dos inimigos próximos e dos "amigos" distantes. Mas deve-se entrever sua mais verdadeira coerência em não ter respondido ao processo, em tê-lo rejeitado: por si e pela Democracia Cristã — assim como, no Parlamento da República, rejeitara-o alguns meses antes para o senador Gui como democrata-cristão em quem toda a Democracia Cristã se reconhecia e em torno de quem cerrava fileiras. E esta era para ele — por coerência, e não por alteração psíquica e mental — a culpa da Democracia Cristã, a culpa que não podia nem politicamente justificar nem humanamente perdoar: não ter cerrado fileiras em torno de sua vida, não ter se reconhecido nele quando prisioneiro e réu das Brigadas Vermelhas. E essa culpa tampouco era de toda a Democracia Cristã, nem da Democracia Cristã em sua essência, em sua natureza e destino: mas daqueles homens do partido, daqueles homens do poder, que tinham se arrogado o direito de decidir.

E pode ser que realmente apareçam "descobertas": mas será tarde demais para que não se pense em sábias montagens de textos ou fitas gravadas. Moro foi fiel à *sua* Democracia Cristã: e cabe dizer que, enquanto nós aqui tentamos desmontar aquilo que Pasolini chamou de "uma enigmática correlação", ele, por si, não a desmontou de todo. Ele a desmontou diante de Deus, despido de poder e reconhecendo o caráter diabólico do poder; não a desmontou diante dos cidadãos da República italiana.

Na manhã de 9 de maio, o professor Franco Tritto, amigo da família Moro, recebe um telefonema (e não era o primeiro) das Brigadas Vermelhas. Gravado pela polícia, o telefonema foi divulgado dois meses depois pelos meios de comunicação — com a irrefletida esperança de que alguém reconhecesse a voz: e pode-se imaginar quantos mitômanos a terão reconhecido e quantos maldosos terão tentado prejudicar algum inimigo ou amigo — e transcrita nos jornais.

BRIGADISTA Alô? É o professor Franco Tritto?

TRITTO Quem fala?

B. O dr. Nicolai.

T. Qual Nicolai?

B. O senhor é o professor Franco Tritto?

T. Sim, sou eu.

B. É, tive a impressão de reconhecer a voz... Ouça, independentemente do fato de que seu telefone esteja sob escuta, o senhor deveria levar uma última mensagem à família.

T. Sim, mas eu quero saber: quem fala?

B. Brigadas Vermelhas. Entendeu?

T. Sim.

B. Pois bem, não posso ficar muito ao telefone. Então, o senhor deve dizer isso à família, deve ir pessoalmente; embora o telefone esteja sob escuta, não tem problema, deve ir pessoalmente e dizer o seguinte: cumprimos as últimas vontades do presidente comunicando à família onde poderá encontrar o corpo do deputado Aldo Moro.

T. Mas o que devo fazer?

B. Está me ouvindo?

T. Não; se puder repetir, por favor...

B. Não, não posso repetir, veja... Então o senhor deve comunicar à família que encontrarão o corpo do deputado Aldo Moro na Via Caetani, que é a segunda travessa da Via Botteghe Oscure. Está bem?

T. Sim.

B. Ali está um Renault 4 vermelho. Os primeiros números da placa são N5.

T. N5? Eu tenho que telefonar? (*E começa a chorar.*)

B. Não, deve ir pessoalmente.

T. Não posso...

B. Não pode? Deve, é claro...

T. Sim, sem dúvida, sim...

B. Sinto muito. Isto é, se o senhor telefonar, não... não deixaria de cumprir os pedidos que o presidente tinha feito expressamente...

T. Fale com meu pai, por favor... (*No choro, não consegue mais falar*).

B. Está bem.

T. PAI Alô? O que me diz?

B. O senhor deve ir até a família do deputado Moro ou mandar seu filho ou, em todo caso, telefonar.

T. PAI Sim.

B. Basta que o façam. A mensagem seu filho já tem. Está bem?

T. PAI Não posso ir eu?

B. O senhor, pode ir o senhor também.

T. PAI Porque meu filho não está bem.

B. Pode ir o senhor, está ótimo, com certeza: desde que vá com urgência; porque as vontades, a última vontade do deputado é esta: comunicar à família, pois a família devia reaver seu corpo... Está bem? Até logo.

Quisemos apresentar integralmente esse diálogo porque dá espaço a reflexões não inúteis. A primeira se refere à duração: entre a consternação de Tritto, seu pranto, a passagem do telefone para o pai, as hesitações e repetições do brigadista, não menos de três minutos. Com certeza de modo involuntário, na confusão e na comoção em que o lançava a notícia, Tritto se comportou como quem quer ganhar tempo e dar tempo à polícia. Pois o brigadista telefonava da estação Termini, onde há um posto de polícia e em cujas proximidades é de se supor que sempre haja rádio-patrulhas em contato com a delegacia, e não seria impossível prendê-lo no fim do telefonema. Essa mesma consideração vale para o brigadista: ele sabe que o telefone da casa de Tritto está sob escuta, sabe que a demora no telefonema lhe pode ser fatal; apesar disso, é paciente, meticuloso, até atencioso. Repete, deixa escapar um "sinto muito"; em suma, prolonga em mais de três minutos um comunicado que poderia transmitir em trinta segundos. Pode-se explicar esse seu comportamento com a segurança — que lhe vem já de longa experiência — de que a movimentação da polícia nunca se mede em minutos (e de fato: "a primeira viatura azul e branco da polícia chega ululando à Via Caetani às 13h20"); mas não se pode subestimar o risco de que dessa vez, pela enormidade da notícia e depois de quase dois meses de aprimoramento da caça, ela disparasse uma operação de excepcional celeridade. O que, então, mantém o brigadista nesse telefonema, se não o *cumprimento* de um dever que nasce da militância, mas já ingressa na piedade humana? A voz é fria; mas as palavras, as pausas, as hesitações traem a piedade. E o respeito. Por quatro vezes ele se refere a Moro como "deputado" e por duas vezes como "o presidente". Aquela linguagem, entre o satírico e o jargão de seção de bairro do Partido Comunista com que as Brigadas Vermelhas falavam de Moro nos comunicados, desapareceu. "O deputado", "o presidente". Em seu explícito ou latente antiparlamentarismo — não de todo gratuito, não de todo injustificado —, não creio que os italianos tenham pensado alguma vez que o título de "*onorevole*", como forma de tratamento de deputados e senadores, vinha de "*onore*" ["honra"], como naquele momento em que o ouviram, na voz do brigadista, acompanhando o nome de Moro.

Talvez ainda hoje o jovem brigadista pense acreditar que se possa viver de ódio e contra a piedade: mas naquele dia, naquele *cumprimento*, a piedade penetrou nele como a traição numa fortaleza. E espero que o devaste.

Quem dispõe apenas dos dados divulgados pelos meios de comunicação e quer fazer uma análise do caso Moro, não só precisa separar o pouco trigo do muito joio, mas deve também fazer *tabula rasa* daquela espécie de preconceito autodepreciativo (isto é, habitualmente empregado em sentido autodepreciativo) que não reconhece como italiano nada que seja preciso, pontual, eficiente. Precisão, pontualidade e eficiência são consideradas pelos italianos em geral como qualidades estranhas a eles ou, no máximo, alogênicas. Para uma instituição que não funciona, para um hospital em que não se é bem atendido ou onde não há lugar, para um trem que se atrasa, para um avião que não decola, para uma carta que não chega, para uma festa que não dá certo, o carimbo é sempre a exclamação: "Coisas nossas!". No entanto, há pelo menos uma coisa nossa que funciona: e é justamente aquela que agora por antonomásia é "cosa nostra". E claro que nela não há do que se orgulhar, e que a exclamação "coisas nossas!" para aquelas que não funcionam pode também se elevar a um grito de desespero por essa "cosa nostra" que funciona; mas o fato é que funciona e, portanto, não estamos por natureza ou maldição destinados à imprecisão, à impontualidade, à ineficiência.

As Brigadas Vermelhas funcionam perfeitamente: mas (e o *mas* é necessário) são italianas. São uma coisa nossa, quaisquer que sejam os vínculos que possam ter com seitas revolucionárias ou serviços secretos de outros países. E aqui não se pretende apresentar a suspeita de uma relação, a não ser fortuita e de indivíduo a indivíduo, com outra "*cosa nostra*" de mais antiga e comprovada eficiência: mas existem analogias entre as duas coisas. As Brigadas Vermelhas devem ter estudado todos os manuais de guerrilha possíveis, mas têm em sua organização e em suas ações algo que pertence ao manual não escrito da máfia. Algo de caseiro, mesmo na precisão e eficiência. Algo que é reconhecível mais como transposição de uma regra mafiosa do que como execução de uma regra revolucionária. Por exemplo: atirar nas pernas — que é uma transposição do cortar as pernas do gado praticado pela máfia rural. Por exemplo: o sistema para incutir o silêncio (*omertà*) e solicitar proteção ou cumplicidade; sistema em que a corrupção tem uma mínima parte, a ameaça direta tem uma certa parte, mas que quase sempre se baseia em fazer saber que não há delação ou colaboração da qual eles não sejam informados. O sistema, em suma, de gerar desconfiança quanto aos poderes públicos e de tornar a invisível presença do mafioso (ou do brigadista) mais premente e mais temível do que a presença visível do carabineiro. Por exemplo: a atenção mortífera dedicada ao pessoal de vigilância das prisões e que tende a estabelecer, dentro delas, o privilégio do detento revolucionário, assim como há tempos se estabeleceu o privilégio do detento mafioso (e não se creia que o mafioso tenha se valido disso apenas no sentido do conforto: muito antes dos políticos, a concepção da prisão como local de proselitismo, de agregação, de escola, foi dos mafiosos). E para além dessas analogias, até certo ponto objetivas, na consciência popular se afirmou outra: a de que, assim como a máfia se funda e faz parte de uma certa gestão do poder, de um modo de gerir o poder, da mesma forma se dá com as Brigadas Vermelhas. Daí aquilo que pode parecer indiferença: mas é, porém, a atenção distanciada do espectador a uma pièce que já conhece, a que assiste em reprise, que acompanha sem a tensão do como vai terminar e se ocupa apenas em captar a diferença de algum detalhe nas cenas e no humor dos atores. E é fácil ouvir dizer, especialmente na Sicília, que essa das Brigadas Vermelhas *é toda uma história igual à de Giuliano*: uma referência a todas aquelas aquiescências e cumplicidades dos poderes públicos que os sicilianos conheciam ainda antes que se tornassem constatações (essas sim, constatações) no famoso processo de Viterbo. Atitude que também se pode desaprovar, não se apoiando em dados de fato; mas que encontra justificação no dístico de Trilussa que diz que as pessoas não confiam mais no sino porque conhecem quem o toca.

Pessoalmente, devo e quero ser mais cauteloso. E me ater a estes dois pontos: primeiro, que a eficiência das Brigadas Vermelhas é italiana, tipicamente análoga a uma outra eficiência mais conhecida e difundida; segundo, que a ação das Brigadas Vermelhas não está dissociada do contexto político italiano e não opera num sentido ainda indeterminado, ainda ambíguo: mas sim, deve-se supor, não indeterminado e não ambíguo para quem as conduz. Seria loucura nossa situar as Brigadas Vermelhas numa esfera de autônoma e autárquica pureza revolucionária na ilusão de mobilizar as massas para explodir as estruturas políticas que as contêm; e seria ainda mais loucura que elas ali se colocassem. Sua razão de ser, sua função, seu "serviço" residem exclusivamente em deslocar as relações de força: e das forças que já existem. E em deslocá-las não muito, vale acrescentar. Deslocá-las no sentido daquele "mudar tudo para não mudar nada" que o príncipe de Lampedusa toma como uma constante da história siciliana e que hoje pode ser tomado como uma constante da história italiana. Operação de puro poder, portanto; que só pode ser executada naquela área suprapartidária em que, ao abrigo dos ventos ideológicos, o poder agora vive. Não se pretende com isso excluir que a existência das Brigadas Vermelhas seja justamente "uma loucura": mas quando da loucura começa a aflorar um método, é bom desconfiar: como Polônio desconfiando da loucura de Hamlet (mas não desconfiou o suficiente: tomara que não seja nosso caso). E é justo do caso Moro que o método começa a aflorar.

Que a loucura das Brigadas Vermelhas não é desprovida de método, isso todos diziam e dizem. Mas é a partir do episódio de Moro, e por meio de suas cartas, que se começa a entrever seu desenho. Como Polônio, Moro, prisioneiro e condenado à morte, procurou e depois seguiu o fio do método naquilo que antes haveria de lhe parecer um labirinto de loucura. E já na primeira carta a Zaccagnini tem-se a impressão de que ele descobriu o chefe, ao dizer: o Partido Comunista "não pode esquecer que minha dramática abdução ocorreu enquanto se ia à Câmara para a consagração do Governo que tanto me dediquei a construir". E na segunda: "O Governo está de pé, e esse é o reconhecimento que me é tributado... Lembre nesse momento — deve ser um motivo pungente de reflexão para você — sua extraordinária insistência e a dos amigos a quem você encarregou de tal fim —, sua insistência em ter-me como presidente do Conselho Nacional [do partido], em ter-me como participante e corresponsável na fase nova que se abria e se esboçava dificílima". E cabe notar que, ao mesmo tempo em que se considera tão atrozmente recompensado pelo governo que tanto se dedicara a construir, ele tende a tomar distância daquela operação, daquela "fase nova": não artífice, mas "participante"; não responsável, mas "corresponsável".

O ponto que dá consistência ao drama, a razão pela qual, como forma de reconhecimento ("agradecimento"), deve-se dar a Moro a morte, consiste precisamente nisto: que foi o artífice do retorno, depois de trinta anos, do Partido Comunista à maioria do governo. E as Brigadas Vermelhas, em seus comunicados, não só lhe imputam explicitamente esse fato, como também, com fúnebre audácia, fornecem sua solene e simbólica representação fazendo com que o corpo de Moro fosse encontrado entre a Via delle Botteghe Oscure, onde fica a sede do Partido Comunista Italiano, e a Piazza del Gesù, onde fica a sede da Democracia Cristã (a força dos nomes: as *botteghe oscure* [lojas escuras], o *Gesù* dos jesuítas; e não sei se a Via Caetani, para onde foi levado o corpo de Moro, tem o sobrenome da família a que pertence Bonifácio VIII ou da do arabista: e cai bem, seja num ou noutro caso).

Mas se o objetivo — declarado e reafirmado — das Brigadas Vermelhas é o de interromper o processo de atração, o movimento de conjunção que se realiza entre o Partido Comunista e a Democracia Cristã, por que não percebem que suas ações surtem o efeito contrário — isto é, que suas ações dão a esse processo uma aparência de necessidade e aceleração? No entanto, é a favor deles e contra eles que o Partido Comunista pode prosseguir na invenção do Estado (e digo invenção no sentido em que se diz *invenção da Cruz*: aqui também, a força das palavras, e desta palavra — invenção — que remete a santa Helena, mãe de Constantino). E pode-se observar que tal invenção, se funcionou para que Moro não fosse redimido e para incutir alguma preocupação na esquerda mais à esquerda e algum desconforto nos intelectuais mais "liberais" e mais isolados, não funcionou de forma alguma para sequer arranhar a força das Brigadas Vermelhas ou para impedir alguma ação delas. Mas nunca se sabe: até poderia, no momento oportuno, funcionar contra elas. Além do mais, já no primeiro dia da "abdução", na noite de 16 de março, foi também visível o efeito — contrário às intenções declaradas das Brigadas Vermelhas — gerado pela "abdução" e que se multiplicaria com a execução da sentença de condenação: nas praças das cidades italianas, inúmeras bandeiras vermelhas abraçando em condolência e proteção as bandeiras brancas da Democracia Cristã.

Pode-se, então, deduzir desse procedimento que se afigura irrefletido que a essência e o destino das Brigadas Vermelhas estão de fato na esfera — para dizê-lo banalmente — da "loucura" ou — de modo menos banal, mais sutil — na esfera de um esteticismo em que morrer pela revolução se tornou um morrer com a revolução?

Exatamente um mês depois daquilo que as Brigadas Vermelhas chamam de "encerramento de uma batalha" (e mesmo quem não gosta de batalhas voltará a respirar melhor ao reler a descrição de uma verdadeira batalha: pois nos sentimos como que sufocados ao ouvir atribuir-se o nome de batalha ao homicídio, com revólver e silenciador, de um homem indefeso dentro de uma garagem ou de um porão), chegam anonimamente à redação de uma revista semanal não muito difundida as fotocópias de quatro cartas de Moro. A revista semanal (OP: *Osservatore Politico*), no número de 13 de junho, apresenta-as como inéditas: a dirigida a Zaccagnini, porém, não o era; já tinha sido publicada em 30 de abril por alguns jornais. Em cada fotocópia há o carimbo da delegacia de polícia de Roma, garantindo a conformidade com o original. Quem, dentro da delegacia de polícia de Roma, quis que essas cartas não ficassem desconhecidas?

Mas, embora entre as cartas desconhecidas houvesse uma de extraordinário interesse, pouquíssimos jornais a reproduzem ou dão notícia dela. Porque agora se tende a deixar o caso Moro de lado, a esquecê-lo, ou é justamente por causa do interesse que a carta poderia despertar?

A carta é dirigida à esposa e é de se supor que foi escrita entre 27 e 30 de abril.

Minha queridíssima Noretta:

Embora o conteúdo de sua carta ao *Giornale* não trouxesse motivos de esperança (e eu não pensava que os traria), ela me fez um bem imenso, dando-me confirmação em minha dor de um amor que continua firme em todos vocês e me acompanha e me acompanhará em meu calvário. A todos, portanto, meu mais vivo agradecimento, vivo, o mais sincero beijo, o maior amor.

Lamento, minha queridíssima, ter me encontrado a lhe dar esse acréscimo de trabalho e de sofrimento, mas creio que mesmo você, apesar de desencantada, não me perdoaria por não lhe pedir uma coisa que é talvez um inútil ato de amor, mas é um ato de amor.

E agora, mesmo dentro desses limites, devo lhe dar algumas indicações no que se refere à sua carinhosa tarefa. É bom ter a assistência discreta de Rana e Guerzoni. Parece-me que os grupos parlamentares ficaram calados, e neles os melhores amigos, talvez intimidados pelo receio de romper essa unanimidade fictícia, como tantas vezes ocorreu. O que é surpreendente é que em poucos minutos o Governo acreditou ter avaliado o significado e as implicações de um fato de tanto relevo e elaborou a toda pressa e com superficialidade uma linha dura que não rompeu mais: trata-se, no fundo, de uma troca de prisioneiros como se pratica em todas as guerras (e esta, no fundo, o é), com a exclusão dos prisioneiros libertados do território nacional. Aplicar as normas do direito comum não faz sentido. E, além do mais, esse rigor justamente num país atabalhoado como a Itália. As aparências estão salvas, mas amanhã os honestos chorarão pelo crime praticado, sobretudo os democratas-cristãos. Agora me parece faltar especialmente a voz de meus amigos. Seria conveniente chamar Cervoni, Rosato, Dell'Andro e os outros que Rana conhece e incitá-los a uma dissociação, a uma ruptura da unidade. É a única coisa que nossos chefes temem. Afora isso, não se interessam por nada. A dissociação deveria ser pacata e firme. Assim eles não se dão conta de quantos problemas virão depois e de que isso é o melhor, o mal menor, pelo menos. Tudo isso deveria ser feito logo, pois os tempos urgem. Dos encontros que você conseguir ter, se conseguir, será (bom) dar notícia com alguma declaração. É necessário que seja público, além de privado. Nisso se faça guiar por Guerzoni.

Numa matéria do *Giorno*, vi com dor o Zizola de sempre retomar uma referência do *Osservatore romano* (Levi). Essencialmente: não à chantagem. Com isso a S. Sé expressa por esse sr. Levi, e, modificando posições anteriores, desmente toda a sua tradição humanitária e hoje condena a mim, amanhã serão as crianças a caírem vítimas por não permitir a chantagem. É uma coisa horrível, indigna da S. Sé. A expulsão do Estado é praticada em muitos casos, mesmo na União Soviética; não se vê por que aqui deveria ser substituída pelo massacre de Estado. Não sei se Poletti pode retificar essa enormidade em contradição com outros modos de se comportar da S. Sé. Com essa tese endossa-se o pior rigor comunista e a serviço da unicidade do comunismo. É incrível a que ponto chegou a confusão das línguas. Naturalmente não posso deixar de ressaltar a maldade de todos os democratas-cristãos que me quiseram contra minha vontade num cargo que, se necessário ao partido, devia ter me salvado aceitando também a troca dos prisioneiros. Estou convencido de que teria sido a coisa mais sábia. Resta, mesmo nesse momento supremo, minha profunda amargura pessoal. Não se encontrou ninguém que se dissociasse? Seria preciso dizer a Giovanni o que significa atividade política. Ninguém se arrependeu por me haver impelido a dar esse passo que eu claramente não queria dar? E Zaccagnini? Como pode ficar tranquilo em seu lugar? E Cossiga, que não soube imaginar nenhuma defesa? Meu sangue recairá sobre eles. Mas não é disso que quero falar; e sim de vocês que amo e amarei sempre, da gratidão que lhes devo, da alegria indizível que me deram na vida, do menino que eu amava olhar e procurarei olhar até o fim. Se pelo menos eu tivesse as mãos, as fotos, os beijos de vocês. Os democratas-cristãos (e Levi do *Osservatore*) me tiram isso também. Que mal pode vir de todo esse mal?

Abraço-a, abraço-a apertado, queridíssima Noretta, e faça o mesmo com todos e com o mesmo ânimo. Anna realmente apareceu? Que Deus a abençoe. Abraço vocês

Aldo

O "massacre de Estado". É possível que Moro não lembre, ao escrevê-la, o que há de preciso nessa expressão — qual seja, a referência ao fato, aos fatos, para os quais foi cunhada e dirigida como acusação (acusação que então se tornou plausível mesmo pelo crivo dos mais incrédulos) a certos organismos governamentais, ao governo, à Democracia Cristã e a ele próprio? Absolutamente impossível: mesmo porque uma das acusações das Brigadas Vermelhas contra ele faz referência explícita a ela (comunicado nº 1: "Quando a trama imunda estiver completamente a descoberto, como um verdadeiro '*chefão*' que se respeite, Moro acabará com tudo e recompensará seus autores com uma avalanche de "*omissis*"); e assim, na "prisão do povo", deve ter ouvido falar o tempo inteiro sobre o "massacre de Estado", e o tempo inteiro deve ter se declarado alheio a ele (ou o "menos implicado de todos": e só pelos "*omissis*"). Portanto, não é distraidamente que ele escreve aquela expressão: mas tomando-a para si, adaptando-a a seu caso, transmitindo-a como juízo. E também: "Com essa tese, endossa-se o pior rigor comunista e a serviço da unicidade do comunismo. É incrível a que ponto chegou a confusão das línguas".

"Declarei que se trata de uma novela policial... Ao cabo de sete anos, é-me impossível recuperar os pormenores da ação; mas aqui está o plano geral, empobrecido (ou purificado) pelas lacunas de minha memória. Há um indecifrável assassinato nas páginas iniciais, uma lenta discussão nas intermediárias, uma solução nas últimas. Já esclarecido o enigma, há um parágrafo longo e retrospectivo que contém esta frase: *Todos acreditaram que o encontro dos dois jogadores de xadrez tinha sido casual*. Essa frase dá a entender que a solução está errada. O leitor, inquieto, revê os capítulos suspeitos e descobre outra solução, que é a verdadeira" (J. L. Borges, Ficções).

Racalmuto, 24 de agosto de 1978.

## MARÇO 1978

16 Aldo Moro, presidente do Conselho Nacional da Democracia Cristã, é "abduzido" — assassinados os cinco homens que faziam sua escolta — por um bando que se supõe ser das Brigadas Vermelhas.
Uma hora mais tarde, as confederações sindicais declaram greve geral.
Antes do anoitecer, o governo presidido pelo deputado Andreotti, sobre o qual até o dia anterior se demonstravam perplexidades e reservas por parte das esquerdas e de alguns grupos da Democracia Cristã, é aprovado, por uma maioria que inclui também os comunistas, na Câmara dos Deputados e no Senado.
Na Via Licinio Calvo, a uma centena de metros da Via Fani onde ocorreu a "abdução", a polícia encontra um dos automóveis utilizados pelos terroristas.

17 A polícia prende um jovem empregado por grave suspeita de participação ou cumplicidade no sequestro do deputado Moro; mas o magistrado encarregado da investigação libera-o dois dias depois, enquanto *estranho ao fato*. (É de se considerar erro grosseiro de gramática policial que uma pessoa, suspeita de um crime como o sequestro de pessoa, seja presa de imediato em vez de ser cuidadosamente seguida, espionada).
Na Via Licinio Calvo, a polícia encontra um outro automóvel que fora utilizado pelos terroristas: já estava lá ou fora levado depois? Tratando-se de uma zona que tinha

sido minuciosamente vasculhada e continuava vigiadíssima, a descoberta sugere ineficiência e parece zombaria.

18 Chega o primeiro comunicado das Brigadas Vermelhas: assumem a responsabilidade pelo sequestro de Moro e pelo assassinato da escolta; declaram que querem processar (*Tribunal do Povo*) o presidente da Democracia Cristã. Com o comunicado vem uma fotografia de Moro prisioneiro na "prisão do povo".

19 Na Via Licinio Calvo, a polícia encontra o terceiro automóvel utilizado pelos terroristas para o sequestro. "Ontem com certeza não estava", diz a polícia. Mas o fato de ter sido levado depois, enganando a vigilância, os patrulhamentos, é tão grave quanto não tê-lo notado por dois dias seguidos. Aliás, não é o único infortúnio em que a polícia incorre: entre os procurados cuja imagem ela divulga pela televisão e pelos jornais, dois já estão presos faz tempo e um se encontra, de modo não clandestino, em Paris. Mesmo Brunilde Petramer, procurada como brigadista, aparecerá regularmente registrada nos hotéis em que se hospedou.

20 No processo contra Curcio e os outros, que se realiza de forma tempestuosa no tribunal de Turim, os brigadistas na "gaiola" gritam: "Moro está nas nossas mãos!".

21 O Conselho dos ministros aprova uma lei que aumenta os poderes da polícia e reduz a liberdade dos cidadãos. Os jornais discutem se é oportuno adotar a autocensura: e com propensão a praticá-la. Homens proeminentes vão aos jornais para se pronunciar a favor ou contra o princípio da autocensura. Vito Ciancimino, ex-prefeito de Palermo, indagado pelo *Giornale di Sicilia*, responde: "Em

princípio, informar a opinião pública é um dever. Mas, em determinados momentos, como o que estamos vivendo, talvez fosse melhor não publicar as mensagens dos brigadistas, mesmo para favorecer as investigações. Quando as notícias podem prejudicar a ação dos investigadores e, portanto, a captura dos assassinos, deve-se calar, embora isso possa ter seus custos. Repito, porém, em princípio, a liberdade de imprensa deve ser garantida".

24 Em Turim, atentado das Brigadas Vermelhas contra Giovanni Picco, democrata-cristão, ex-prefeito da cidade.

25 Comunicado nº 2 das Brigadas Vermelhas: são enumeradas as acusações contra Moro; mas genericamente.

29 Arrigo Levi, diretor do jornal turinense *La Stampa*, lança a proposta de que Leone se demita da presidência da República e que o Parlamento eleja Moro em seu lugar. A proposta desperta perplexidades e desconfianças generalizadas.
À noite, chegam uma carta de Moro ao ministro do Interior Francesco Cossiga e o comunicado nº 3 das Brigadas Vermelhas. No comunicado, afirma-se que o interrogatório "prossegue com a plena colaboração do prisioneiro".

31 *L'Osservatore romano* coloca a Santa Sé à disposição para atuar pela solução do "dolorosíssimo caso".

1º Ao que parece, Nicola Rana, secretário de Moro, recebeu uma carta do prisioneiro. No dia seguinte, diz-se que a família também recebeu uma.

3 A polícia efetua buscas e prisões no campo da extrema esquerda. Mas, dentro do prazo de 48 horas, o magistrado libera quase todos os detidos: a polícia tinha agido com base em listas compiladas em 1968. Muitos dos rebeldes de então agora já estavam nos partidos do chamado arco constitucional, em especial no Partido Comunista.

4 Chegam uma carta de Moro a Zaccagnini, o comunicado nº 4 das Brigadas Vermelhas e o opúsculo, com data de fevereiro de 1978, da *Resolução da Direção Estratégica*. No comunicado, diz-se que a "manobra adotada pela imprensa do regime", de atribuir o que Moro escreveu a Cossiga a um ditado das Brigadas Vermelhas, "foi tão desonesta quanto bisonha", e que o escrito expressa um ponto de vista do qual as Brigadas não compartilham.

6 *Il Giorno* publica uma carta de Eleonora Moro ao diretor, escrita na esperança de que os brigadistas a deixem ser lida por seu marido.

7 Em Gênova, atentado das Brigadas Vermelhas a Felice Schiavetti, presidente da Associação dos Industriais: os habituais tiros nas pernas.

10 Os jornais divulgam a notícia, totalmente infundada, de que as Brigadas pedem, como resgate de Moro, a renúncia de Leone e 60 bilhões de liras.

Durante a tarde, as Brigadas Vermelhas divulgam o comunicado nº 5 e um manuscrito de Moro contra Taviani.

11 Em Turim, três brigadistas disparam contra o agente penitenciário Lorenzo Cotugno. Antes de morrer, Cotugno fere o brigadista Cristoforo Piancone, que é deixado pelos companheiros na porta de um hospital. Piancone se declara prisioneiro político e não responde às perguntas da polícia e do juiz; mas, alguns dias depois, os jornais *Il Tempo* e *Il Giornale* publicarão a entrevista que um jornalista conseguiu obter dele.

12 Diz-se que Cossiga, Rana e a família receberam outras cartas de Moro.

15 Comunicado nº 6 das Brigadas Vermelhas: "Aldo Moro é culpado e foi, portanto, condenado à morte".
Os jornais publicam a notícia de "onze atentados em Veneza em dezessete horas" no dia anterior; e, cautelosamente, que uma lista de duzentos possíveis brigadistas "teria sido entregue ao Ministério do Interior por um alto expoente do Partido Comunista".

17 Apelos do *Osservatore romano* e da Anistia Internacional às Brigadas Vermelhas.

18 O "falso" comunicado nº 7 das Brigadas Vermelhas.
A polícia descobre na Via Gradoli um "esconderijo" das Brigadas. Por acaso, diz-se inicialmente; mas depois fica-se sabendo que a indicação fora recebida já fazia algum tempo: só que tinha sido enviada a Gradoli, na província de Viterbo, em vez de chegar à Via Gradoli, situada na zona romana onde Moro fora sequestrado.

19 O *Lotta continua*, jornal da extrema esquerda, publica um apelo para a salvação de Moro assinado por bispos, parlamentares, intelectuais católicos e laicos.

20 As Brigadas Vermelhas, em Milão, matam Francesco De Cataldo, o sargento dos agentes penitenciários.
As Brigadas divulgam o "verdadeiro" comunicado nº 7: Moro está vivo, estão dispostos a devolvê-lo em troca de "prisioneiros comunistas". É um ultimato. Prazo final: às 15h do dia 22. Uma fotografia de Moro, tendo na mão *La Repubblica* do dia anterior, é enviada a esse jornal.

21 Outra carta de Moro a Zaccagnini: mas nem todos os jornais a publicam.

22 Na Universidade de Pádua, atentado contra o professor Ezio Riondato: quatro tiros nas pernas, por parte do Núcleo de Combatentes pelo Comunismo.
Paulo VI escreve aos "homens das Brigadas Vermelhas".

24 Comunicado nº 8 das Brigadas Vermelhas: traz os nomes dos treze "prisioneiros comunistas" que querem livres em troca de Moro.
O governo do Panamá se declara disposto a receber os terroristas, caso o governo italiano decida aceitar a troca.
Uma nova carta de Moro a Zaccagnini chega ao jornal *Vita*.

25 Kurt Waldheim, secretário-geral da ONU, pela televisão italiana e falando em italiano, dirige um apelo às Brigadas Vermelhas. Desperta mau humor nos ambientes políticos italianos: atribuiu aos terroristas uma "causa" e, portanto, um ideal. Mas, ao que parece, Waldheim quis dizer "propósitos": um pequeno erro de tradução.

Da sede da Democracia Cristã, é distribuída aos jornalistas a declaração dos "amigos de Moro": "Não é o homem que conhecemos".

26 Dez tiros de revólver contra o democrata-cristão Girolamo Mechelli, ex-presidente da região do Lácio. Nas pernas. *Il Giorno* publica uma carta dos filhos a Moro.

27 Em Turim, tiros nas pernas de Sergio Palmieri, diretor de "análise trabalhista" da fábrica Fiat em Mirafiori: e respectivo comunicado das Brigadas Vermelhas. Craxi propõe que o Estado mostre ceder à chantagem das Brigadas Vermelhas com atos de clemência em relação aos prisioneiros políticos.

28 Andreotti na televisão: "Qual seria a reação dos carabineiros, dos policiais, dos agentes de custódia se o governo, pelas costas deles e violando a lei, negociasse com quem afrontou a própria lei? E o que diriam as viúvas, os órfãos, as mães daqueles que tombaram no cumprimento de seu dever?". Evidentemente, não há nada a fazer por Moro: como Cortés, ao mexer com mães, viúvas e órfãos, Andreotti queimou os barcos de uma negociação com as Brigadas Vermelhas que Craxi continua a considerar possível.

29 Fala-se de outras cartas de Moro à família; e de uma que chega pelo correio em resposta à dos familiares publicada pelo *Giorno.*
À noite chega uma delas ao jornal *Il Messaggero*, dirigida à Democracia Cristã. Será publicada no dia seguinte. Dentre as que conhecemos, é a última dirigida a todo o partido.

30 Tem-se notícia de que Moro enviou cartas a Leone, Andreotti, Ingrao, Fanfani, Misasi, Piccoli e Craxi. Mas apenas as de Craxi e Leone serão publicadas, respectivamente em 3 e 4 de maio.

## MAIO

1º Apelo da família Moro aos dirigentes da Democracia Cristã: que o partido "assuma com coragem suas responsabilidades".

3 Andreotti reafirma a negativa do governo a uma negociação com as Brigadas Vermelhas.

4 Dois ataques de tiros nas pernas: em Milão, Umberto degli Innocenti, da Sit-Siemens; em Gênova, Alfredo Lamberti, da fábrica Italsider de Cornigliano.

5 Comunicado nº 9 das Brigadas Vermelhas: "Concluímos a batalha iniciada em 16 de março executando a sentença a que Aldo Moro foi condenado". Desencadeia-se a interpretação do gerúndio.

6 Em Novara, tiros nas pernas do médico carcerário Giorgio Rossanigo: mas pelos Proletários Armados pelo Comunismo.

8 Outro médico — fiscal do INAM — leva tiros nas pernas em Milão, por Diego Fava: ele também pelos Proletários Armados pelo Comunismo.

9 No porta-malas de um Renault 4 — vermelho, segundo o brigadista que fez a comunicação, roxo, segundo os jornais — é encontrado o corpo de Aldo Moro.

A família divulga este comunicado: "A família deseja que a exata vontade de Aldo Moro seja plenamente respeitada pelas autoridades de Estado e do partido. Isso significa: nenhuma manifestação pública, cerimônias ou discursos; nenhum luto nacional, nem funerais de Estado nem medalhas em sua memória. A família se fecha no silêncio. Sobre a vida e a morte de Aldo Moro, a história julgará".

10 Em Torrita Tiberina, os funerais em caráter privado. Moro é sepultado nesse cemitério.

13 Ofício fúnebre na basílica de São João de Latrão. É presidido por Paulo VI e celebrado pelo cardeal Poletti (aquele de quem Moro esperava, mas não muito, uma retificação da "enormidade"). Todos os homens do poder estão presentes. Ausentes a esposa e os filhos de Aldo Moro. O papa diz: "Ó Senhor, não atendeste à nossa súplica".

Comissão Parlamentar de Inquérito
sobre o massacre da Via Fani,
o sequestro e o assassinato de Aldo Moro,
a estratégia e os objetivos
perseguidos pelos terroristas

# RELATÓRIO DA MINORIA APRESENTADO PELO DEPUTADO LEONARDO SCIASCIA

Contando com quarenta membros e o presidente, sucedendo-se três presidentes, o último dos quais — o senador Valiante — nomeado quando os dados reunidos já eram muito numerosos e, portanto, precisando informar-se a respeito deles, a Comissão Parlamentar de Inquérito sobre o massacre da Via Fani, o sequestro e o assassinato de Aldo Moro e a estratégia e os objetivos perseguidos pelos terroristas atuou nessa primeira parte de seus trabalhos, dedicados sobretudo ao caso Moro, com inevitáveis atrasos, lentidões e dispersões. O fato de que a presença dos integrantes se reduzisse em média a metade ou dois terços foi de mínimo benefício para as audiências, sempre demasiado longas e em parte repetitivas. A isso se deve acrescentar a latente e por vezes explícita conflitualidade entre os membros da Comissão, que reproduzia aquela que se manifestava entre os partidos do chamado arco constitucional — especialmente entre os partidos comunista e democrata-cristão de um lado e o socialista do outro — nos dias do sequestro Moro e mais à frente, até o sequestro e a libertação do magistrado D'Urso: isto é, sobre a posição dita "humanitária" dos socialistas, que afirmava a necessidade de negociar com os terroristas, embora mantendo presentes os limites da possível concessão, e a posição dita "da firmeza", sustentada por comunistas, democratas-cristãos e outros, de absoluta e inabalável intransigência. Essas posições se repetiam na Comissão ao buscar, por um lado, a demonstração de que uma mínima concessão, decorrente das negociações com as Brigadas Vermelhas, poderia ter salvado a vida de Aldo Moro (assim como, mais tarde, considerou-se — mas não por todos e não por nós — que o fechamento da prisão de Asinara e a intervenção de parlamentares junto aos brigadistas presos salvaria a do magistrado D'Urso); e, por outro lado, que a disponibilidade do Partido Socialista em negociar, além de rachar a chamada "solidariedade nacional" fundada na firmeza, não só podia levar à salvação de Moro, mas configurava — na busca de um contato particular e reservado com as Brigadas Vermelhas, nos encontros entre expoentes socialistas e expoentes da Autonomia romana que se acreditava poderem servir de intermediários (e viu-se depois que podiam) — um autêntico crime, visto que os juízes de instrução não haviam sido informados disso. Essa conflitualidade, que percorre visivelmente as atas da Comissão, mesmo que nunca expressa nos termos claros em que a resumimos, constituiu no trabalho da Comissão — em nossa opinião — um grave obstáculo, uma incomensurável perda de tempo. Daí, por exemplo, as inúteis audiências dedicadas ao caso Rossellini-Rádio "Città futura": se Rossellini havia ou não noticiado o acontecimento da Via Fani pelo menos meia hora antes que ocorresse (e, caso se conseguisse prová-la, disso decorreria que Rossellini estava "dentro" e, portanto, seus contatos com os socialistas se tornavam automaticamente graves: bem entendido, para os socialistas). Mas Rossellini não poderia ter dado essa notícia: pois — tem-se a impressão — estudara bem as finalidades e os comportamentos das Brigadas Vermelhas, e podia ter, se tanto, arriscado uma hipótese. Em todo caso, a pergunta se se poderia ou não salvar Moro por meio de negociações acaba parecendo gratuita e irrelevante, depois de tantas horas de audiências e milhares de páginas de atas. Gratuita e irrelevante, digamos, para os fins de uma Comissão Parlamentar de Inquérito; ao passo que pode ser considerada não gratuita e não irrelevante num inquérito entre as Brigadas Vermelhas, dentro das Brigadas Vermelhas e conduzido por elas: pois para elas era possível a escolha entre soltar ou assassinar Moro; e foi da escolha em assassiná-lo que se iniciou, na discordância que surgiu entre elas, a crise que as vai levando à desagregação, ao aniquilamento. A primeira e essencial pergunta a que a Comissão tem o dever de responder, porém, parece-nos ser a seguinte: *por que Moro não foi salvo, nos 55 dias de seu cativeiro, por aquelas forças que o Estado emprega para a salvaguarda, a segurança, a incolumidade dos cidadãos, da coletividade, das instituições?*

Obviamente, e era inevitável, perdeu-se mais tempo em procurar uma resposta para a pergunta disposta na alínea *a)*, artigo I, da lei que instituía a Comissão ("se houve informações de algum modo relacionáveis com o massacre da Via Fani, referentes a possíveis ações terroristas no período anterior ao sequestro de Aldo Moro, e como tais informações foram controladas e eventualmente utilizadas"). Em torno dessa pergunta condensaram-se insondáveis mitomanias, lapsos de memória, incontroláveis perdas de tempo (dos quais também faz parte o caso Rossellini-Rádio "Città futura"). Também inútil foi o trabalho da Comissão para responder à alínea *b)* da lei: "se Aldo Moro recebera, nos meses anteriores ao sequestro, ameaças ou advertências para fazer com que ele abandonasse a atividade política"; pois é de se acreditar que todo homem político de papel proeminente as recebe, de modo anônimo ou não, como conselho ou como ameaça; e sobretudo Aldo Moro deve tê-las recebido — recebeu-as —, pois suas intenções nem sempre decifráveis podiam facilmente dar lugar a mal-entendidos. Mas mesmo a advertência (ou ameaça) que recebeu enquanto supostamente estava num país "amigo", e por parte de uma pessoa influente naquele país, não cremos que seja possível associá-la à sua eliminação: e pelo próprio fato de ter sido feita. Tais coisas — sabe-se disso até proverbialmente — se fazem sem ser ditas; não dizê-las, aliás, é a condição necessária para fazê-las. Era, porém, claramente previsível que as Brigadas Vermelhas — no rigor de seu empenho em procurar e golpear os gânglios e as personalidades do "Estado das multinacionais", do sistema democrático e capitalista — visassem à captura e à eliminação de um homem como Moro, no vértice da Democracia Cristã e a ponto — acreditava-se — de ampliar o consenso em torno dela e, de todo modo, de torná-la mais maleável, mais atraente, mais duradouramente segura (na medida em que, porém, as forças de oposição se tornavam mais maleáveis, sim, mas menos atraentes e menos seguras). Mas que as Brigadas Vermelhas, segundo seus esquemas bastante rígidos e elementares, fizessem um diagnóstico da situação que levasse à captura e/ou à eliminação de Aldo Moro, estava-se muito longe, nos órgãos que tinham tal obrigação, de prevê-lo, quanto mais de evitá-lo. De modo que, à pergunta formulada na alínea *c)* da lei ("as eventuais falhas de medidas adequadas de prevenção e proteção da pessoa de Aldo Moro"), pode-se claramente responder que não só houve falhas, mas que as tentativas da Comissão de verificá-las enfrentaram negativas tão absolutas que parecem inacreditáveis. O que as torna inacreditáveis é a personalidade do sargento Leonardi, chefe da escolta de Moro, conforme nos foi descrita como que unanimemente, de diversos pontos de vista. Julgando a escolta de Moro dentro da universidade, o ex-brigadista Savasta diz: "Notei três homens, entre eles um idoso... Eram três muito visíveis, entre eles esse idoso, que era o melhor de todos porque se movia entre a multidão... Sim, era o sargento Leonardi, que se movia melhor do que todos, pois havia uma multidão muito densa para participar das aulas de Aldo Moro. Apesar disso, ele conseguia manter a situação sob controle. Esse aspecto específico me impressionou também para entender o tipo de escolta que havia, isto é, se era uma escolta pró-forma ou uma escolta real... A atitude do sargento Leonardi era a de uma escolta real, muito preparada: era aquele tipo de escolta que não estávamos acostumados a ver. Há um modo que logo se percebe: primeiro, o fato de que estavam sempre prontos a pegar o revólver; segundo, além disso, como se moviam entre as pessoas. Se a escolta é pró-forma, não ficam olhando muito; quando é real, nota-se imediatamente, isto é, como olham as pessoas, como veem os deslocamentos das outras pessoas. Parecia uma escolta real...". Em seu trabalho de observação, portanto, os brigadistas haviam chegado à conclusão de que todas as escoltas eram pró-forma; daí a surpresa ao descobrir que a de Aldo Moro — mesmo que num determinado lugar — era real. Mas o mérito era inteiramente daquele idoso "muito bom", que "conseguia manter toda a situação sob controle". Esse juízo, de inegável competência, condiz com o do general Ferrara: "Leonardi era um suboficial excelente sob todos os aspectos: austero, sério, muito distinto, de físico robusto, constantemente seguro de si; era um rapaz corajoso e sempre pronto, bom atirador, faixa preta...". Esses juízos nos levam a considerar verídicos todos os testemunhos sobre as preocupações do sargento Leonardi referentes à segurança do deputado Aldo Moro (e à sua própria); e especialmente à da esposa. Leonardi solicitara outros homens ao Ministério do Interior: talvez em acréscimo, talvez em substituição daqueles que já tinha e não lhe pareciam "bem preparados para o serviço que deviam realizar". Essa solicitação, que a sra. Leonardi situa entre o fim de 1977 e o começo de 1978, não deixou traços nem nos documentos nem na memória de quem deveria tê-la recebido. No entanto, não pode não ter sido feita: precisamente naquele período os hábitos e os comportamentos de Moro e de sua escolta estavam sendo — sabemos — estudados pelas Brigadas Vermelhas: e isso não escapava à atenção de Leonardi. Sua preocupação aumentava à medida que via, por certos sinais, o perigo se aproximar. Ele também se dera conta de que o seguiam, falara a esse respeito com a esposa, e para outras pessoas especificara que estava sendo seguido por um Fiat 128 branco. Nos últimos tempos andava muito preocupado, tenso, tinha emagrecido, sentia-se tão inseguro que a esposa dizia que "não era mais o mesmo". E quase todas as tardes, quando estava livre, ia, diz a esposa, "conferenciar com o general Ferrara, sempre por razões de serviço". Mas o general Ferrara nega categoricamente, corroborando sua negação com a lembrança precisa de um único encontro com Leonardi: em 26 de janeiro de 1978, e não por razões de serviço. Com quem, então, Leonardi falava, para quem fazia seus relatórios? Que os fazia, sua esposa se diz "100% segura". Mas o general Ferrara, mesmo admitindo que Leonardi "tinha contatos com toda a escala hierárquica", afirma: "O sargento Leonardi nunca enviou um relatório a quem quer que fosse... realizamos uma investigação para verificar junto a todos os comandos hierárquicos da capital se Leonardi havia feito alguma menção, mesmo que verbal: não resultou nada... nunca foi apresentada nenhuma solicitação, nem de pessoal nem de reforços de homens e de meios". O que, reafirmamos, não é crível: Leonardi pode não ter falado com o general Ferrara, mas com certeza falou com algum dos "comandos hierárquicos da capital". Que tenha desaparecido qualquer traço e que se negue tal coisa é um fato extraordinariamente inquietante.

A viúva do soldado Ricci fornece a mesma imagem de preocupação, nervosismo e medo do marido. Ele não falava muito do serviço em casa: mas, como era motorista, comentava os problemas causados pelo Fiat 130 que lhe haviam confiado ("quebrava o tempo todo") e suspirava pela chegada do 130 blindado. No fim de 1977, disse à esposa que o carro finalmente ia chegar: o que significa que fora requisitado e prometido. Mas não chegou. Por causa disso, talvez, por volta do mês de fevereiro, um nervosismo mais acentuado ("parecia nervoso e se comportava de maneira estranha"): o que, correspondendo ao comportamento do sargento Leonardi, significa que ambos compartilhavam a mesma preocupação, vislumbravam os mesmos sinais. Mas, assim como para os relatórios de Leonardi, ninguém sabe nada sobre a requisição de um carro blindado; aliás, declarou-se à Comissão que, se tivesse sido solicitado, teria sido fornecido sem qualquer dificuldade. Mas como é que, não sendo requerido, ele era esperado e, a certo ponto, deixou de ser esperado?

A escolta de Moro, portanto, "real" dentro da universidade, se tornava "pró-forma" fora dela, na falta e na insegurança dos meios: o que com certeza não escapou à observação das Brigadas Vermelhas. Assim, dizer hoje que um carro blindado e em melhor funcionamento para Moro, outro com bons freios para a escolta que o seguia, armas de eficiência segura e treinamento para seu pronto uso, não seriam elementos de dissuasão ou de impedimento do plano das Brigadas Vermelhas, é tão insensato quanto afirmar que o seriam. Em ações como a executada no sequestro de Moro, basta que uma pequena coisa funcione ou não funcione para decidir o êxito ou o fracasso. E, de todo modo, algo que não funciona supõe responsabilidades, que devem ser verificadas e identificadas. Mas a Comissão, na busca das responsabilidades — que são sempre individuais, embora extensíveis e concatenadas —, sempre se deteve um pouco antes, no limite de descobri-las, de averiguá-las: por razões formais, por dificuldades internas e externas.

A alínea *d)* da lei que institui a Comissão de Inquérito requer que se lance luz sobre "as eventuais disfunções e omissões e as consequentes responsabilidades ocorridas na direção e no cumprimento das investigações, seja para a localização e a libertação de Aldo Moro, seja posteriormente ao assassinato do próprio, e na coordenação de todos os órgãos e aparatos que as conduziram"; mas o material reunido pela Comissão a esse propósito é tão vasto que convém extrair os fatos essenciais ou emblemáticos, conferindo importância a alguns que parecem não ter e invertendo o significado e o valor de certos outros aos quais, porém, quis-se dar importância. Por exemplo: as operações realizadas pelas forças da ordem no decorrer dos 55 dias que vão do sequestro ao assassinato de Moro parecem importantes e são tratadas como um "esforço grandioso" a ser reconhecido e elogiado. Trata-se realmente de um esforço grandioso, e transcrevemos seu resumo: 72.460 pontos de checagem, dos quais 6.296 na área urbana de Roma; 37.702 revistas domiciliares, das quais 6.933 em Roma; 6.413.713 pessoas checadas, das quais 167.409 em Roma; 3.383.123 veículos vistoriados, dos quais 96.572 em Roma; 150 pessoas presas; 400 detidas. Nessas operações estavam diariamente engajados 13 mil homens, 4,3 mil na cidade de Roma. Esforço grandioso, mas de forma alguma a ser elogiado. Predominantemente conduzidas de forma meticulosa e sistemática (porém, como veremos, com irrefletidas exceções), as operações realizadas naqueles dias eram inúteis ou equivocadas. Teve-se então a impressão — e agora encontramos a confirmação — de que se pretendia impressionar a opinião pública com a quantidade e ostensividade das operações, sem qualquer preocupação com a qualidade delas. Tratava-se a bem dizer de uma escolha feita de súbito, de um critério (paradoxalmente coerente à falta de critério efetivo) adotado de súbito: referimo-nos àquela ordem, emitida pela direção da Ucigos [o Escritório Central para as investigações gerais e as operações especiais] às delegacias, para implementar, logo depois do sequestro de Moro, o "plano zero". O "plano zero" existia apenas para a província de Sassari: mas o dirigente da Ucigos, que fora comissário de polícia em Sassari, acreditava que ele existia para todas as províncias italianas. Disso nasceu uma conturbada troca de telefonemas entre os comissários, antes que se chegasse a entender que o plano não existia. Mas a questão não é a do erro e da palhaçada resultante; a questão é por que se pensou que a implementação de um "plano zero" em todas as províncias italianas poderia ter algum efeito. Que sentido havia em montar pontos de revista, verificar veículos e pessoas, na manhã de 16 de março em Trapani ou em Aosta? Nenhum: a não ser o de oferecer o espetáculo do "esforço grandioso". Assim, partiu-se — por vontade ou por instinto — para efeitos espetaculares e talvez confiando no cálculo das probabilidades (que não funcionou). E é compreensível que, para alcançar tais efeitos, tenha-se negligenciado a utilização de forças menos grandiosas, porém mais sagazes, para dar um curso menos ostensivo, porém mais produtivo às investigações: a tal ponto que a Comissão ouviu a resposta do então comissário de Roma, declarando que estava com falta de homens para um trabalho de vigilância que não exigiria mais de uma dúzia; enquanto apenas em Roma, de forma espetacular, havia 4,3 mil agentes, mas inutilmente se debatendo de um lado e outro. Mas voltaremos a esse ponto. Acrescentemos, enquanto isso, que nossa opinião sobre a vacuidade das operações de polícia é compartilhada e encontra uma abalizada confirmação nesta declaração do dr. Pascalino, então procurador-geral em Roma: "naqueles dias, fizeram-se operações de exibição, mais do que buscas". E é incontestável que quem quis, quem consentiu, quem nada fez para conduzir melhor o curso das coisas, deve ser considerado — no grau de responsabilidade que lhe competia — totalmente responsável.

O curioso é que a essas operações de exibição corresponda um sinal contraditório de preparo e eficiência por parte da polícia que não foi corretamente avaliado: consiste na identificação dos procurados enquanto supostos brigadistas; identificação que, por meio da divulgação de fotografias na imprensa e na televisão, foi feita poucos dias depois do massacre da Via Fani. Foram identificados 22 indivíduos: mas logo se descobriu que dois já estavam presos, um morava sabidamente na França, outro estava regularmente registrado no hotel em que se encontrava hospedado. Esses erros — que, cremos nós, encontram justificativa na endêmica incomunicabilidade mútua das instituições em nosso país — impediram que a opinião pública visse o que havia de positivo na identificação: a saber, em dezoito indivíduos a polícia não errara. Corretamente um funcionário da polícia (o dr. Improta) demandou perante a Comissão que se reconhecessem o preparo e a celeridade demonstrados pela delegacia de Roma em relação a esse fato, o qual, no entanto, a opinião pública avaliou de forma contrária, chegando quase ao escárnio. O Estado não estava despreparado, se depois de três dias a delegacia de Roma era capaz de identificar — percorrendo dados mais corretos, provados e confessados — dezoito brigadistas, alguns deles integrantes do grupo da Via Fani, e se ela conhecia muito bem os elementos mais ativos da área extraparlamentar (inclusive em suas diferenciações ideológicas e estratégicas, de práxis, de temperamento). O coro unânime de autoridades e políticos sobre o despreparo do Estado para fazer frente ao ataque terrorista deve, portanto, ser visto com algumas ressalvas. O fato de que as "resoluções" anteriores das Brigadas Vermelhas e os escritos de seus teóricos e associados não tinham sido convenientemente estudados pela polícia e pelos serviços de segurança não acarreta necessariamente a incerteza, a confusão, os equívocos, as omissões, as operações inúteis que foram realizadas durante os 55 dias do sequestro Moro. Bastaria um profissionalismo investigativo usual e normal. Mesmo sem o estudo dos textos (que, aliás, teria sido mais útil para a prevenção do que diante do fato consumado), tinha-se a vantagem de conhecer de modo aproximado a natureza e os fins de uma associação criminosa denominada Brigadas Vermelhas; já se chegara a identificar um número congruente de afiliados; dispunha-se de informação suficiente sobre a capa protetora com que a associação podia contar. Se a operação da Via Fani tivesse sido feita apenas com vistas ao lucro e por uma associação criminosa que nunca se manifestara antes, obscura, improvisada, a desvantagem teria sido indiscutivelmente maior.

Mas foi precisamente das vantagens que não se soube tirar qualquer proveito.

Mas sigamos pela ordem, atendo-nos estritamente aos fatos em que as disfunções e as omissões (e, sempre, as "consequentes responsabilidades") aparecem de modo mais ostensivo. Na tarde do mesmo dia 16 em que ocorrera o massacre da escolta e o sequestro de Aldo Moro, o Fiat 132 no qual Moro fora transportado é encontrado na Via Licinio Calvo: ou seja, poucas horas depois, na mesma área em que ocorrera o fato, os brigadistas podiam satiricamente se aventurar incólumes a bordo de um automóvel visadíssimo. A zombeteira devolução, indicando a segurança com que os brigadistas se moviam no bairro, deveria despertar a suspeita de que moravam por ali e, portanto, levar a uma intensificação e um aguçamento da vigilância. Mas não foi assim, e na mesma rua, nos n^os^ 17 e 19, foram encontrados outros dois carros que tinham servido na operação. Risco corrido pelos brigadistas que se deveria considerar bastante tolo: mas é claro que eles sabiam o que estavam fazendo e que sairiam ilesos. Enquanto isso — 17 de março —, procedia-se à detenção penal de Franco Moreno, sobre quem parecia pesarem indícios probatórios de uma participação na trama: iniciativa não totalmente compreensível mesmo que se estivesse investigando apenas o massacre, mas totalmente incompreensível em se tratando também de um sequestro de pessoa. Como naquele momento Moreno era, no entender dos investigadores, o único elemento visível da associação, sua detenção não só vinha cortar um possível meio de acesso para chegar aos outros e ao local onde Aldo Moro estava detido, mas podia ser fatal para a vida do sequestrado. Contudo, talvez também nesse caso o critério de exibição tenha prevalecido sobre o do profissionalismo, da investigação ponderada. Mas os indícios que pareciam (e, ao reler a lista, parecem) graves se dissolveram, não sabemos como, no exame do magistrado; e três dias depois Moreno era libertado.

Enquanto isso, no dia 18 — o terceiro dos 55 —, a polícia, em suas operações de buscas sistemáticas, chegava ao apartamento da Via Gradoli alugado a um pretenso engenheiro Borghi, mais tarde identificado como Mario Moretti. Chegou lá: mas parou diante da porta fechada. E aqui é preciso observar que, por mais que se queira, as operações eram de exibição, tanto é que eram feitas; e, no que se refere ao instinto e ao raciocínio profissional, uma porta fechada, uma porta à qual ninguém atendia, devia parecer muito mais interessante do que uma porta que se abria ao se bater nela. Ainda por cima, o dr. Infelisi, o magistrado que conduzia a investigação, havia ordenado que, no caso dos apartamentos fechados, as portas fossem arrombadas ou se esperasse a chegada dos moradores. Ordem executada em inúmeros casos e com grande incômodo para cidadãos inocentes; mas precisamente nesse único caso (único pelo que sabemos), que poderia surtir um efeito de incalculável alcance, não executada. Parece que a garantia dos vizinhos de que o apartamento era habitado por pessoas tranquilas bastou ao policial para deixar de visitá-lo: ao passo que justamente essa garantia deveria lhe despertar suspeitas. É concebível que as Brigadas Vermelhas não se comportassem de forma tranquila, aliás, mais tranquila do que outros, morando em pequenos apartamentos de bairros populosos?

Exatamente um mês depois — em 18 de abril —, o apartamento da Via Gradoli que a polícia considerara habitado por pessoas tranquilas revelou fortuitamente ser esconderijo das Brigadas Vermelhas. Mas o nome Gradoli já aparecera nas investigações, e inutilmente, graças a uma sessão espírita realizada na zona rural perto de Bolonha em 2 de abril. E que não desperte surpresa que, nas atas de uma comissão parlamentar de inquérito se fale, como numa comédia dialetal, de uma sessão espírita: mas doze pessoas, como se costuma dizer, dignas de fé e, além do mais, pertencentes à classe douta da douta Bolonha, foram ouvidas por um integrante da Comissão e todas testemunharam sobre a sessão espírita que haviam realizado e na qual surgiu o nome Gradoli. Nenhuma delas se declarou especialista ou crente nos fenômenos do gênero; todas falaram numa atmosfera "lúdica" que se criara em torno do "pratinho" e nos outros elementos necessários à invocação numa tarde chuvosa: de brincadeira, portanto, de passatempo. E todos, no depoimento à Comissão, não só pareciam acreditar na autopropulsão do "pratinho", mas de fato acreditaram, já que no dia seguinte relataram o ocorrido à Digos [Divisione Investigazioni Generali e Operazioni Speciali] de Bolonha e, depois, ao dr. Cavina, chefe da assessoria de imprensa do deputado Zaccagnini. Entre a tagarelice do "pratinho", um nome aparecera com nitidez: Gradoli. Como há um vilarejo com esse nome na província de Viterbo, a polícia se dirigiu em peso para lá, presumivelmente realizando as habituais buscas sistemáticas; e sem nenhum resultado, claro. A sugestão da sra. Moro de procurar uma Via Gradoli em Roma não foi levada em consideração; responderam-lhe que não constava nas páginas amarelas da lista telefônica. Isso significa que não se haviam dado ao trabalho de procurar aquela rua, nem mesmo nas páginas amarelas: pois constava.

Ao apartamento da Via Gradoli ocupado pelo pretenso engenheiro Borghi finalmente se chegou, e por acaso, às 9h47 de 18 de abril: não para pegar de surpresa os brigadistas, mas para consertar um vazamento de água. E aqui cabe notar que pesa sobre as Brigadas Vermelhas uma espécie de fatalidade hídrica: o caso da Via Gradoli não é o único em que se descobre um esconderijo por causa de um problema numa tubulação. Ademais, se falamos de espíritos, poderíamos também falar de videntes que tiveram certo papel nos acontecimentos: por que não falar da fatalidade? Primeiro chegaram os bombeiros, é claro; perceberam e avisaram que estavam num esconderijo.

E nesse ponto surge outro emaranhado, outro mistério: os jornalistas chegaram antes da polícia; os carabineiros souberam da descoberta somente porque conseguiram interceptar uma mensagem via rádio da polícia; o juiz de instrução soube da notícia duas horas depois: não pela polícia, e sim pelos carabineiros. E o juiz Infelisi se viu obrigado a ordenar a apreensão dos documentos encontrados no esconderijo, a garantir que os carabineiros também pudessem examiná-los (mas o comandante da polícia De Francesco nega ter vetado o acesso dos carabineiros aos documentos e diz ignorar a apreensão determinada pelo juiz: contradição que se mantém não solucionada). Além disso, não se providenciou a coleta das impressões digitais no esconderijo; e tampouco parece ter havido um pronto e cuidadoso inventário e avaliação do material descoberto. Esse material, segundo o dr. Infelisi, não trazia nenhuma indicação referente ao local onde Moro poderia estar; mas o juiz considera necessário acrescentar este inquietante parêntese: "pelo menos aquele do qual tive conhecimento": assim abrindo a possibilidade de que houvesse material subtraído a seu conhecimento. Em suma, tudo que transcorre entre 18 de março e 18 de abril a respeito do esconderijo da Via Gradoli beira o inverossímil, o inacreditável: espíritos (os quais, numa carta enviada pela deputada Tina Anselmi à Comissão, parecem muito mais bem informados do que os relatos posteriores dos participantes da sessão), o providencial vazamento de água (mas a Providência aqui ajudada, por distração ou por vontade, pela mão humana), ausência do mais elementar profissionalismo, da mais elementar coordenação, da mais elementar inteligência.

E ainda temos de nos deter em outros episódios. Sobrevoemos o episódio do lago da Duchessa: nele, não acreditando no comunicado e perdendo tempo em estabelecer sua inautêntica-autenticidade ou sua autêntica-inautenticidade, agiu-se como se se acreditasse nele, com a resultante distração e dispersão de forças; e paremos por um instante no da tipografia Triaca.

A primeira identificação, referente a pessoas que gravitavam em torno da tipografia e, em todo caso, de pessoas suspeitas de ter relação com as Brigadas Vermelhas, foi recebida pela Ucigos [Ufficio Centrale per le Investigazioni Generali e per le Operazioni Speciali] em 28 de março. Mas se passou um mês antes que ela fosse capaz de enviar um relatório à Digos: 29 de abril. Tal lentidão cremos que se devia acima de tudo àquilo que o dr. Fariello (da Ucigos) chama de "vigilância a intervalos": que seria fazer a vigilância das pessoas suspeitas de modo que não percebam se e quando estão e quando não estão sob vigilância. Isso equivale a não as manter sob qualquer vigilância, pois apenas o acaso pode permitir que uma vigilância feita dessa maneira dê resultados. É como se o comparecimento a locais secretos, os encontros clandestinos e tudo que faz parte de conspirações ocultas e cometimento de crimes fossem regulados por hábitos e horários. E tampouco a possibilidade de que a pessoa perceba ser objeto de vigilância decorre da assiduidade com que é seguida, mas sim da cautela ou da falta de cautela com que se realiza a operação.

Assim, passa-se um mês — e Moro sempre fechado na "prisão do povo" — porque o relatório, que se tornou mais consistente pela sorte, que finalmente sorri à "vigilância a intervalos", saiu da Ucigos e chegou à Digos. Em 1º de maio, toma-se conhecimento da tipografia Triaca, na Via Pio Foà. No mesmo dia, a Digos pede autorização para fazer monitoramentos telefônicos e, oito dias depois, autorização para revistar. A revista deveria ser feita no dia 9, o mesmo dia em que as Brigadas Vermelhas entregam o cadáver de Aldo Moro: e, por isso, é adiada para o dia 17. E aqui se pode também concordar com o dr. Fariello: que não faria diferença esperar mais. Com Moro já assassinado, uma vigilância não mais a intervalos e sim constante e atenta em torno da tipografia até permitiria a captura de Moretti: mas tanto o diretor da Ucigos quanto o delegado De Francesco admitem que tiveram de apressar a operação devido "à pressão da opinião pública".

Da operação ao mesmo tempo tardia e apressada junto à tipografia Triaca resulta uma revelação que ainda nos obriga a usar a palavra inacreditável: encontraram na tipografia uma impressora proveniente do Grupo de Unidades Especiais do exército e uma fotocopiadora proveniente do Ministério dos Transportes. Quanto à fotocopiadora, não se conseguiu obter nenhum elemento que explicasse como ela saiu do Ministério dos Transportes e foi parar na tipografia das Brigadas Vermelhas: isso pode dar ao Parlamento e à opinião pública (aquela que não pressiona por operações de exibição e sabe ficar atenta) uma suficiente ideia das dificuldades encontradas pela Comissão. Quanto à impressora, de fato houve respostas: mas não servem para traçar um percurso seguro da máquina desde o Grupo de Unidades Especiais (RUS) — que, ademais, faz parte do Sismi [Servizio per le Informazioni e la Sicurezza Militare], isto é, dos serviços secretos que foram reinstaurados com essa sigla após a dissolução do SID — até a tipografia Triaca. Que nas administrações do Estado seja usual vender como "ferro-velho" máquinas que, compradas a preços irrisórios por particulares, milagrosamente voltam a funcionar, é algo que — na desordem das coisas — se pode admitir; mas que venham a parar justo nas mãos das Brigadas Vermelhas é um tanto excessivo, e merece uma rigorosa investigação.

Outro fato a ser assinalado, sempre em relação "com as disfunções, omissões e as consequentes responsabilidades ocorridas na direção e no cumprimento das investigações", é o de se ter negligenciado aquele que seria um autêntico fio condutor para chegar à identificação e captura de certo número de brigadistas e, com toda probabilidade, ao local onde Aldo

Moro estava preso. A isso chegamos com o entendimento a posteriori; mas a polícia poderia e deveria ter chegado com o entendimento que tinha na época. Disse De Francesco, o então comandante policial de Roma (e sua convicção é plenamente partilhada pelo dr. Improta, que fora chefe da divisão política): "O campo da Autonomia talvez tenha sido privilegiado nas investigações, mesmo anteriores ao sequestro do deputado Aldo Moro, pois eu considerava e ainda continuo convencido de que era o campo mais perigoso da capital... Insisti sobre o problema da Autonomia desde o primeiro dia, isto é, desde 16 de março, porque — em minha opinião — ela era o campo onde algumas unidades das Brigadas Vermelhas haviam conseguido encontrar um apoio essencial". Mas não se consegue entender como a *privilegiava*, como *insistia*, se não dedicava nenhuma vigilância aos chefes do movimento que, no entanto, conhecia muitíssimo bem. Agora sabemos aquilo que na época o delegado tinha condições de suspeitar, em decorrência de suas convicções, e de verificar: que havia relações entre pelo menos dois brigadistas e os "grandes expoentes" da Autonomia romana, que se mantiveram durante os 55 dias e mais além. E se concretizavam em encontros. Uma cuidadosa vigilância — e sobretudo sem intervalos — de Piperno e Pace teria permitido a identificação de Morucci e Faranda, os dois brigadistas que participaram da ação na Via Fani, que continuavam com toda probabilidade a frequentar o local onde Moro estava preso e com toda certeza a ter encontros com aqueles que o mantinham prisioneiro. Todavia, a quem, na Comissão, se surpreendia pelo fato de a polícia não ter tomado uma medida tão elementar, como a de vigiar os líderes da Autonomia, o comandante policial De Francesco respondia que tinha falta de homens. E mantinha ocupados mais de 4 mil em operações de exibição!

A esse breve catálogo de omissões e disfunções deve-se acrescentar como caso exemplar o episódio que foi relatado pelo então comandante da Polícia Financeira: no dia 16, pouco depois da ação da Via Fani, "um indivíduo, parado na Via Sorelle Marchisio, notou duas pessoas: uma mais magra, com 1,70-1,75 metro de altura, usando um uniforme de piloto civil; a outra de corpo robusto, atarracada, mais baixa, com barba densa. A primeira segurava a segunda por um braço, apertando-o com força acima do cotovelo. Vinham da Via Pineta Sacchetti, esquina com a Via Montiglio; percorreram um trecho da Via Sorelle Marchisio, chegaram à Via Marconi, viraram na direção da Via Cogoleto... Naquela zona há uma clínica". A informação foi repassada imediatamente à Digos, e a ordem de revistar a clínica chegou à Polícia Financeira "algumas semanas depois". E tudo levava a suspeitar que aquilo que fora visto pelo informante deveria estar relacionado com o que ocorrera poucos minutos antes na Via Fani.

Há de se perguntar de onde podem ter derivado tanta extravagância, tanta lentidão, tanto desperdício, tantos erros profissionais. Diz-se: do despreparo diante do fenômeno terrorista e, em especial, diante de uma ação tão retumbante nos meios, no objeto, nas finalidades, como a da Via Fani. Mas não é uma justificativa convincente: vimos como era possível identificar imediatamente um certo número de brigadistas, alguns dos quais, agora sabemos com certeza, participaram da ação, e como havia convicções precisas quanto às áreas de cumplicidade ou de apoio mais ou menos direto. E também é possível admitir um despreparo mais geral e remoto perante fatos criminosos que decorrem de associações protegidas, por um lado, pelo medo e pelo silêncio dos cidadãos e, por outro lado, pelas ligações reais ou supostas com o poder. Para o caso Moro, cabe colocar outras à frente: que são ao mesmo tempo políticas, psicológicas, psicanalíticas. Certamente o que se fez de errado — e que impediu que se tomassem ações mais produtivas e corretas — foi em parte ditado pelo condicionamento das "mídias" (não diremos da pressão da opinião pública: a opinião pública, quando realmente existe e se faz ouvir, é menos amorfa, menos disponível a se satisfazer com qualquer coisa: é capaz, em suma, de crítica e escolha): operações de exibição, como as considera o dr. Pascalino a partir (como diria Maquiavel) de um "posto elevado" (mas ele fez alguma coisa, dando-se conta disso, para acabar com elas?). Cabe reiterar que essas operações, as quais, para aparecer, para se tornar espetáculo, deviam ter um amplo uso de homens e de meios, impediram que se realizassem outras necessárias e essenciais para uma investigação ponderada, contínua e ágil. Isso sem dizer (isto é, dizendo de novo) que as operações de exibição, no único caso em que poderiam ter fortuitamente obtido algum efeito, não funcionaram: diante da porta fechada do apartamento da Via Gradoli, em 18 de março.

Mas acreditamos que o impedimento maior, o obstáculo mais verdadeiro, o problema mais insidioso viera da decisão de não reconhecer no Moro prisioneiro das Brigadas Vermelhas o Moro de grande cautela política, reflexivo, de escolhas e juízos ponderados que se reconhecia (reconhecimento agora quase unânime: justamente por ser póstumo, como de necrológio) ter sido até as 8h55 de 16 de março. A partir daquele momento, Moro não era mais ele mesmo, tornara-se outro: e apontava-se a confirmação disso nas cartas em que pedia para ser resgatado.

Usamos a palavra *decisão*: formalmente imprecisa, mas substancialmente exata. Espontânea ou deliberada, súbita ou gradualmente emergente, de poucos ou de muitos, foi certamente uma decisão — e pelo próprio fato de que se poderia tomar outra. E damo-nos conta da impossibilidade de provar documentalmente que tal decisão — nunca declarada de maneira oficial — pôde ter efeitos no mínimo diluidores sobre os tempos e os modos de investigação. Podemos também admitir que os efeitos não se deram no nível da consciência e da deliberação — em suma, da má-fé; mas não se pode deixar de reconhecer — basta rever a imprensa naqueles dias — que se instaurara uma atmosfera, um clima, um estado de ânimo em que se insinuava em cada um e em todos (com algumas insignificantes exceções) a oculta persuasão de que o Moro *de antes* estava como que morto e que encontrar o *outro* Moro vivo como que equivalia a encontrá-lo defunto no porta-malas de um Renault. De início, para justificar o conteúdo de suas cartas, falou-se em coerções, em maus-tratos, em drogas; mas, quando Moro começou a insistir firmemente em sua lucidez e sua liberdade de espírito ("ou, pelo menos, a lucidez que é possível a alguém que está há quinze dias numa situação excepcional, que não pode ter ninguém que o console, que sabe o que o espera"), passou-se a oferecer compassivamente a imagem de outro Moro, um Moro dois, um Moro não mais ele mesmo: a ponto de se crer lúcido e livre enquanto não o era de forma alguma. O Moro dois, de fato, para salvar sua vida, pedia que se implementassem aqueles mesmos mecanismos que o Moro um, em suas responsabilidades políticas e de governo, tinha usado ou aprovado em derrogação das leis do Estado, mas com a finalidade de garantir tranquilidade ao país: "não uma, mas várias vezes, foram libertados com mecanismos variados palestinos detidos e mesmo condenados, com a finalidade de evitar graves represálias que depois seriam adotadas, caso se mantivesse a detenção...". Tais mecanismos, dos quais a opinião pública não tinha conhecimento, foram utilizados — é claro — com o silêncio do governo, dos partidos do governo, do Parlamento; e podia-se responder a Moro que, em seu caso, de forma alguma se poderia recorrer a eles em silêncio e haveria, pelo contrário, inevitável clamor e perda de prestígio e credibilidade. Assim, preferiu-se menosprezar, invalidar e desmentir seus argumentos de um ponto de vista clínico em vez de político, relegando-os à sua condição delirante de prisioneiro. Daí a importância zero que os investigadores atribuíram a suas cartas. O deputado Cossiga, então ministro do Interior, excluiu com toda clareza que se tivesse tentado uma decifração das mensagens de Moro: "não se fez uma decifração durante o sequestro. Procediam com métodos artesanais. Por outro lado, foram feitas análises linguísticas nas mensagens das Brigadas Vermelhas..." (já então era possível vislumbrar em que consistiam os métodos artesanais e os resultados obtidos com as análises linguísticas). Mas o próprio Cossiga, depois de ter dito que sobre as cartas de Moro se podem exprimir "juízos contrastantes e também dolorosos", acaba por reconhecer que nelas "Moro, em sua lucidez, em sua inteligência, com todos os seus argumentos, havia entendido que, na verdade, era isso o que queriam aqueles que dialogavam com ele: ser reconhecidos como parte que pode estar fora do Estado, mas está na sociedade e com a qual é possível uma relação dialética". Exatamente: e Moro, sem prescindir de suas convicções mais arraigadas (que Cossiga bem resumiu: e vejam-se as aulas de Moro sobre o Estado), não podia senão favorecer seu jogo, ganhar tempo e dar tempo à polícia para que o encontrasse. Não se vê por que Moro, homem de grande inteligência e perspicácia, haveria de se comportar como um idiota: se lhe era possível ganhar tempo e se comunicar com o exterior, não deixaria de tirar proveito dessas duas circunstâncias favoráveis. E mesmo que manifestasse apenas a esperança de uma troca, é de se crer — com toda obviedade — que alimentava uma outra: a de que as forças da ordem chegassem ao local onde estava confinado. Assim, ele deve ter tentado dar alguma indicação sobre o local onde estava: ocultando-a, claro, encriptando-a. Todo mundo tentaria isso: no entanto, tal capacidade e tal intenção foram de antemão negadas a Moro. Todavia, ele era, pela atenção que sabia dedicar às palavras, pela utilização inclusive tortuosa que sabia fazer delas, a pessoa mais adequada para esconder (para dizê-lo pirandellianamente) as coisas entre as palavras.

Podia-se, por exemplo, procurar o código de suas mensagens no uso impreciso de certas palavras, na ostensiva desatenção. Quando Cossiga e Zaccagnini, para falar das condições em que Moro se encontrava, citam a frase de uma carta sua (justo aquela dirigida a Cossiga, ministro do Interior): "me encontro sob um domínio pleno e incontrolado", é curioso que não percebam que ela própria contém uma incongruência e que não define precisamente o tipo de domínio sob o qual Moro se encontrava. De fato, o que quer dizer "incontrolado"? Quem podia ou devia controlar as Brigadas Vermelhas? E por isso parece extremamente confiável (sobretudo depois da revelação dos ex-brigadistas) a decifração que nos foi sugerida: "me encontro num edifício muito povoado e que ainda não é controlado pela polícia". E provavelmente as palavras "sob" e "submetido" também deviam ser entendidas como indicação topográfica. Mas, assim como não se quis decifrar, tampouco se quis prestar atenção na evidência: como naquele "aqui" — que escapou talvez à autocensura que Moro não podia deixar de impor a si mesmo e decerto escapou à censura das Brigadas Vermelhas — que deve incontestavelmente ser lido "em Roma" ("deveria haver condições de chamar aqui o embaixador Cottafavi"). E a indicação não era de pouca monta, considerando-se o quanto se desperdiçara em procurá-lo fora de Roma. Em suma, não se deu nenhum crédito à inteligência a Moro: que deveria ser considerada pelo menos superior à de seus carcereiros. Podia-se, sem falhar na posição de *firmeza*, continuar a dialogar com ele: seja em público — opondo razões às suas: que eram razões e não devaneios —, seja em segredo — procurando em suas cartas aquelas mensagens que possível e provavelmente vinham ali escondidas. No entanto, os especialistas foram encarregados de estudar a linguagem das Brigadas Vermelhas:

e não havia necessidade de especialistas para descobrir que ela era miseravelmente petrificada, feita de slogans, de "*idées reçues*" da palingênese revolucionária, de detritos de manuais sociológicos e de guerrilha. E a questão se o italiano usado pelas Brigadas Vermelhas é tradução de outra ou de outras línguas deve ser deixada de lado. O italiano das Brigadas Vermelhas é simplesmente, manifestamente, o italiano das Brigadas Vermelhas. É possível formular hipóteses de "traduções" bem diferentes. Mas, no estado atual e talvez também no futuro mais próximo, são e continuarão a ser hipóteses. E, ao formulá-las, pode-se também partir desta frase de uma das últimas cartas de Moro: "Com essa tese endossa-se o pior rigor comunista e a serviço da unicidade do comunismo", frase à qual não se deu a importância, a atenção e a análise que merece.

As teses a que Moro se refere são as da recusa em negociar, da firmeza: e entende-se que ele as atribua ao pior rigor comunista que acorreu em apoio à Democracia Cristã, partido que ele bem conhece como rigoroso. Mas "a unicidade do comunismo": o que quererá dizer? Não é possível que ele quisesse inserir nessa expressão a suspeita, se não a certeza, de alguma ligação das Brigadas Vermelhas com o comunismo internacional ou com algum país de regime comunista?

A procura de tal ligação (e, entende-se, não necessariamente com o comunismo e com os países comunistas, mas com aqueles países, regimes e governos que podiam e podem ter algum interesse na "desestabilização" italiana) está entre as tarefas que o Parlamento designou para a comissão, especificadamente nas alíneas *g)* e *h)* da lei. A resposta quanto às ligações com grupos terroristas estrangeiros pode ser dada sem qualquer hesitação: elas existiram, embora não se saiba com exatidão a frequência, a continuidade e a relevância. Mas quanto às tramas, aos complôs, às ligações internacionais além e acima dos acontecimentos, às comunicações e trocas dos grupos terroristas entre eles, não há como dar uma resposta segura. E entende-se: as respostas certas em coisas dessa espécie vêm após anos de distância, aflorando dos arquivos, sob os olhos do historiador. Podemos dizer que há nomes de países estrangeiros que retornam com uma certa insistência. E com mais frequência e insistência os de países do Oriente Médio, da Checoslováquia, da Líbia e — recentemente — da Bulgária. Mas são, para dizê-lo com a linguagem dos homens de governo a quem a Comissão perguntou, "rumores". Seria de se crer que o senador Andreotti, então presidente do Conselho, não estava se baseando em "rumores" quando falou no Senado, na sessão de 18 de maio de 1973, sobre um país onde alguns jovens italianos tinham sido treinados num determinado tipo de guerrilha e quando, aos protestos do senador Bufalini que pensou que ele estava se referindo à União Soviética, especificou que se tratava da Checoslováquia. Baseava-se, porém, em "rumores", se em 23 de maio de 1980 apresentava à Comissão uma versão extremamente redutora daquilo que, sete anos antes, como presidente do Conselho, havia afirmado peremptoriamente: "De fato, constatou-se que alguns terroristas que eram acusados de atos de terrorismo tinham estado também na Checoslováquia. No entanto, dezenas de milhares de pessoas vão à Checoslováquia, e não se constatou absolutamente que pudesse haver uma relação que não fosse a de caráter turístico". Evidentemente o senador Andreotti não ouvira o "rumor" de que, entre as dezenas de milhares de italianos que vão à Checoslováquia "*en touriste*", os serviços de segurança haviam selecionado cerca de seiscentos que poderiam ser considerados menos turistas do que os outros. E esse "rumor" vem de um relatório do Cesis [Comitato Esecutivo per i Servizi di Informazione e Sicurezza], certamente redigido depois de setembro de 1979, que, reunindo outros "rumores" do Sismi, do Sisde e do Comando-Geral do Corpo dos Carabineiros, afirmava: "pelo menos

2 mil italianos (dos levantamentos efetuados por várias fontes) desde 1948 até hoje frequentaram cursos reservados a ativistas extremistas, na Checoslováquia e em outros países. Destes, cerca de seiscentos nomes são do conhecimento do Sismi". E, quanto à Checoslováquia, especificava: "Especialmente em Milão e em Roma residem elementos italianos do serviço secreto checoslovaco de contato com os vários grupos terroristas. Eles procedem à coleta de uma cuidadosa documentação sobre os candidatos, todos voluntários, que transmitem para a embaixada checoslovaca, que depois envia a Praga. Nesse ponto, os elementos considerados de maior destaque por fanatismo, agressividade e atitude militar são encaminhados a verdadeiros cursos paramilitares, na Checoslováquia ou em outro país, munidos de passaportes falsificados nas nações hospedeiras. Uma vez concluído o ciclo de treinamento, os terroristas retornam à Itália com uma bagagem notável de noções teóricas e práticas sobre guerrilha, que podem, por sua vez, transmitir para os outros elementos das organizações a que pertencem". E se essa passagem do relatório, tão detalhada, deve ser considerada um "rumor", é o caso de dizer que Cesis, Sismi, Sisde e Corpo dos Carabineiros se limitam a coletar "rumores", e eles mesmos são apenas "rumores". O que, para o contribuinte italiano, é uma constatação nada tranquilizadora. Ou deve-se concluir como conclui o dr. Lugaresi, diretor do Sismi: "Sobre essas conexões internacionais, eu gostaria de dizer o seguinte: há um grande comércio de armas que não é fácil atacar porque é como o comércio de drogas: não interessa tanto à matriz política quanto à conveniência comercial. Há uma troca de homens entre os que têm objetivos de desestabilização em comum. Pode haver um direcionamento de caráter político-estratégico. Mas essas deduções a partir das informações isoladas que fornecemos diariamente não podem ser retiradas no âmbito político...". Exatamente.

Deve-se notar a esse respeito que o general Dalla Chiesa, que em seu primeiro depoimento também tendia a considerar que o que se dizia sobre as conexões das Brigadas Vermelhas com serviços secretos estrangeiros eram "rumores" e a ver Moretti como a figura de topo das Brigadas, em seu segundo depoimento depois de quase dois anos, assim respondeu à pergunta se mantinha suas mesmas convicções anteriores: "Nesses dias surgiu-me uma dúvida... Pergunto-me hoje (porque já estou fora da refrega há algum tempo e de algum modo sou um observador que carrega uma certa experiência) onde estão as valises, onde está a primeira cópia (do chamado memorial Moro). Nada que pudesse levar às valises, não houve nenhum brigadista arrependido ou dissociado que tenha citado algo desse tipo, nem lamentado o desaparecimento de alguma coisa... Penso que há alguém que pode ter recebido tudo isso... Devemos pensar também nas viagens dessas pessoas ao exterior. Moretti ia e voltava".

É animador que lhe tenha surgido a dúvida; um pouco menos animador, porém, que lhe tenha vindo quando se encontrava "fora da refrega".

Cabe destacar um último detalhe, demonstrando como a vontade de encontrar Moro vinha inconscientemente se deteriorando e se esvaindo. Logo depois do sequestro, foi instituído um Comitê Interministerial para a Segurança que se reuniu nos dias 17, 19, 29, 31 de março; apenas uma vez em abril, no dia 24; e depois nos dias 3 e 5 de maio. Mas o que é pior é que o grupo político-técnico, presidido pelo ministro do Interior e composto por personalidades do governo, pelos comandantes das forças policiais e pelos serviços de informação e segurança, pelo delegado de Roma e por outras autoridades da Segurança Pública, se reuniu diariamente até 31 de março, mas a partir daí três vezes por semana. Só que não existem atas dessas reuniões depois do dia 31, e "não há sequer apontamentos nas atas". E era este o grupo — constituído com uma intenção correta — que devia examinar as informações, decidir as ações, encaminhá-las e coordená-las.

Roma, 22 de junho de 1982

P.S. Entregue em junho de 1982 (pois fora estabelecido previamente que os relatórios deviam ser entregues até esse mês), este meu relatório hoje requer, em suas minutas, duas retificações decorrentes da tardia obtenção de dados por parte da Comissão: 1) o percurso das duas máquinas encontradas na tipografia Triaca foi finalmente reconstruído, pelo que se lê no relatório da maioria. Portanto, deve-se atribuir à fatalidade que máquinas vendidas como ferro-velho por entidades do Estado tenham ido parar, funcionando, com as Brigadas Vermelhas; 2) considera-se que o relatório que fora atribuído ao Cesis foi produzido pelo Sismi. Lendo-o, porém, mantém-se a impressão de que provinha de um órgão do qual o Sismi fazia parte.

FONTE Guyot
PAPEL Pólen Natural 70 g/m²
IMPRESSÃO Gráfica Leograf

São Paulo, julho de 2025